拉筋让你更年轻

[日] 荒川裕志　著　[日] 谷本道哉　石井直方　协助　萧云菁　译

河北科学技术出版社
·石家庄·

著作权合同登记号　冀图登字：03-2021-141

图书在版编目（CIP）数据

拉筋让你更年轻 / (日) 荒川裕志著 ; 萧云菁译
. -- 石家庄 : 河北科学技术出版社, 2022.3
ISBN 978-7-5717-1067-5

Ⅰ. ①拉… Ⅱ. ①荒… ②萧… Ⅲ. ①经筋-保健操
-基本知识 Ⅳ. ①G831

中国版本图书馆CIP数据核字(2022)第035977号

拉筋让你更年轻

lajin rang ni geng nianqing

[日] 荒川裕志　著　[日] 谷本道哉　石井直方　协助　萧云菁　译

出版发行　河北科学技术出版社
地　　址　石家庄市友谊北大街330号（邮编：050061）
印　　刷　和谐彩艺印刷科技（北京）有限公司
开　　本　880mm × 1230mm　1/32
印　　张　5
字　　数　80 千字
版　　次　2022年3月第1版
印　　次　2022年3月第1次印刷
定　　价　59.00 元

目录

第1章 拉筋操的好处

第2章 确认你的身体柔软度是几岁

第3章 从准备操开始

第4章 10种基本拉筋操

第5章 利用追加的13种拉筋操来加强效果

第6章 活力拉筋操

第7章 除『第一步』的拉筋操外还要做的其他运动

第8章 各种不同效能的拉筋操

FEATURE

01 本书特色

不需要任何工具！

轻松又简单的拉筋操

首先从基本的10种拉筋操开始

本书将重点放在不需要任何工具也能轻松又简单地完成的拉筋操种类上，并从中筛选出10种最基本的，只要实践这些项目就OK了。

“很想开始做拉筋操，但特意上健身房又觉得很麻烦……”“想了解什么是拉筋操，偏偏种类和说明太多……”有这些困扰的人，只要参考本书就行了，因为本书所介绍的拉筋操，完全不需借助任何工具，在床上等处就能进行，而且挑选出来的都是最基本的种类，“只要学会这些就行了”。

此外，说明内容也只挑重点解说，让不习惯运动的人，或是没有太多时间运动的人，都能轻松地一边阅读，一边拉筋。

FEATURE

02 本书特色

内容丰富，连运动健将都感到满足！

也很适合想学习正规拉筋操的运动健将

利用“追加项目”来提升技巧

本书不仅适合一般读者参考，也很适合想让自己身体各部位肌肉因练习而变得比较柔软以及想学正规拉筋操的运动健将。

第5章特地从10种基本拉筋操中，选出可以进一步增加身体柔软度的部位，以“追加项目”的方式说明。

另外，第5章还介绍了某些运动健将在热身时最常采用的动作，以及动作范围比较大的项目。

平时经常运动的人，或已经有拉筋习惯的人，不妨以基本项目为基础，再利用这些附加项目来加强效果。

FEATURE

03 本书特色

掌握自己的身体现状！

提供可确认身体柔软度的检查项目

你的身体柔软度是几岁?

在第2章里，提供了可确认身体柔软度的项目。许多人只要想到“不知道自己的身体柔软度是几岁水平”就会紧张不已吧。先来了解一下自己身体的柔软度，再开始学习拉筋操吧。

即使目前身体的柔软度已经不够了也不必担心，只要学会本书所介绍的拉筋操，就能让身体变得更柔软、更健康，而且恢复年轻态。就让我们以锻炼出更具活动力的柔软身体为目标，开始学习拉筋操吧！

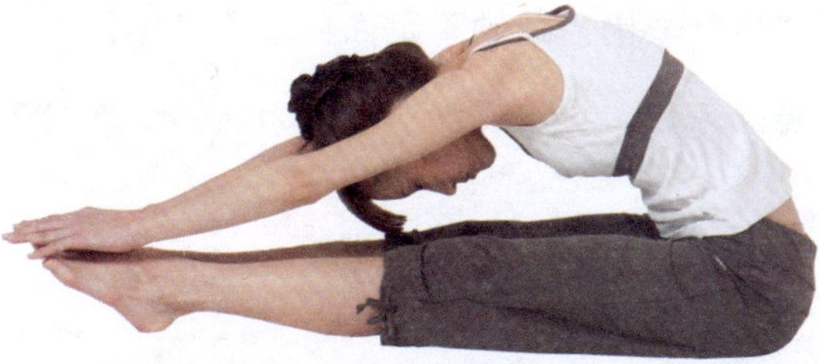

FEATURE

04 本书特色

利用拉筋操来赢得健康！

教授有助增进身体健康的其他运动方法

做拉筋操是培养正确运动习惯的第一步

“运动习惯维持不了多久”或“虽然想运动，却一直挪不出时间来”等，应该是许多缺乏运动的人所烦恼的事。对于这样的人，如果能从简单的拉筋操开始，就有办法快速地进入状态。

许多人无法培养良好的运动习惯，理由往往是“虽然很想动动身体，但却因为平常缺乏运动，身体早就僵硬了，很难一下子舒适地活动起来”。拉筋操可以舒展因为运动不足而僵硬的身体，让身体变得柔软。就这一层意义来说，拉筋操绝对能成为培养运动习惯的第一步。

不妨先利用拉筋操舒展僵硬的身体，再来进行第7章所介绍的有氧运动以及简单的肌肉训练。

首先从轻松又简单的拉筋操开始，让自己展开一段能逐渐培养运动习惯的积极生活吧。

肌肉的名称

只要依照本书所介绍的项目做拉筋操，就能舒展全身所有的肌肉。为了让读者一边参照各肌肉的名称与位置，一边做拉筋操，特以图示解说各肌肉的名称。

【前面】

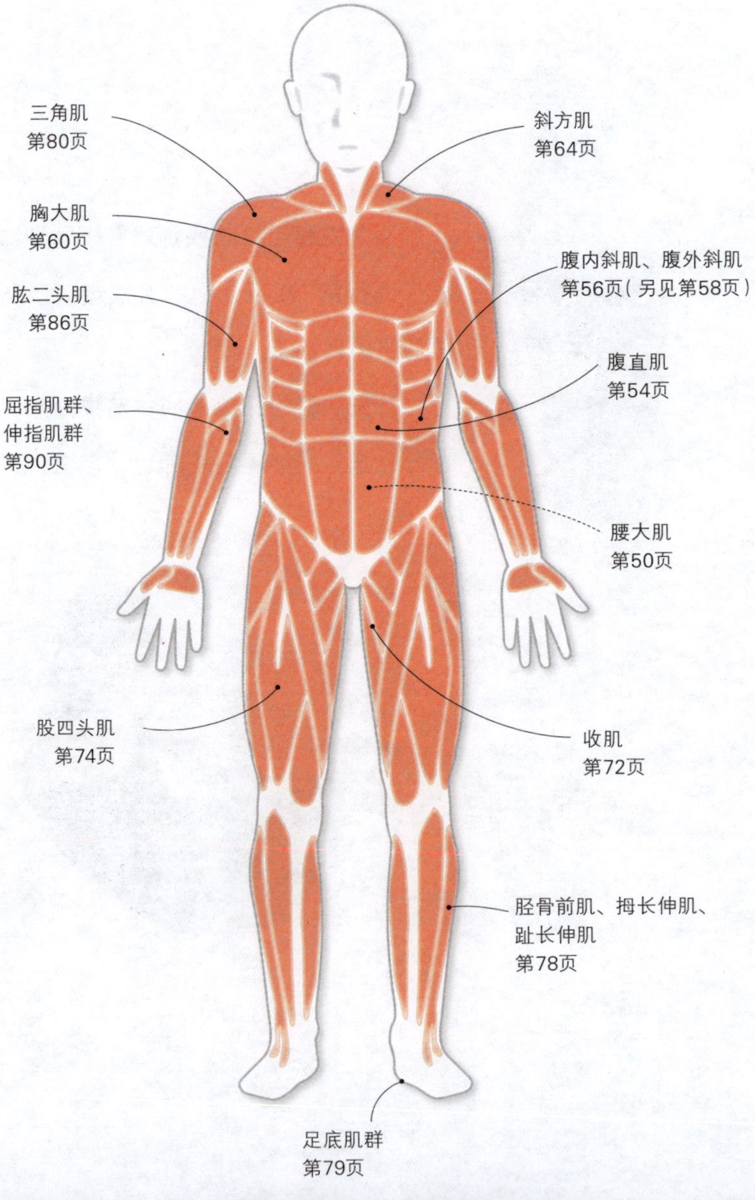

【背面】

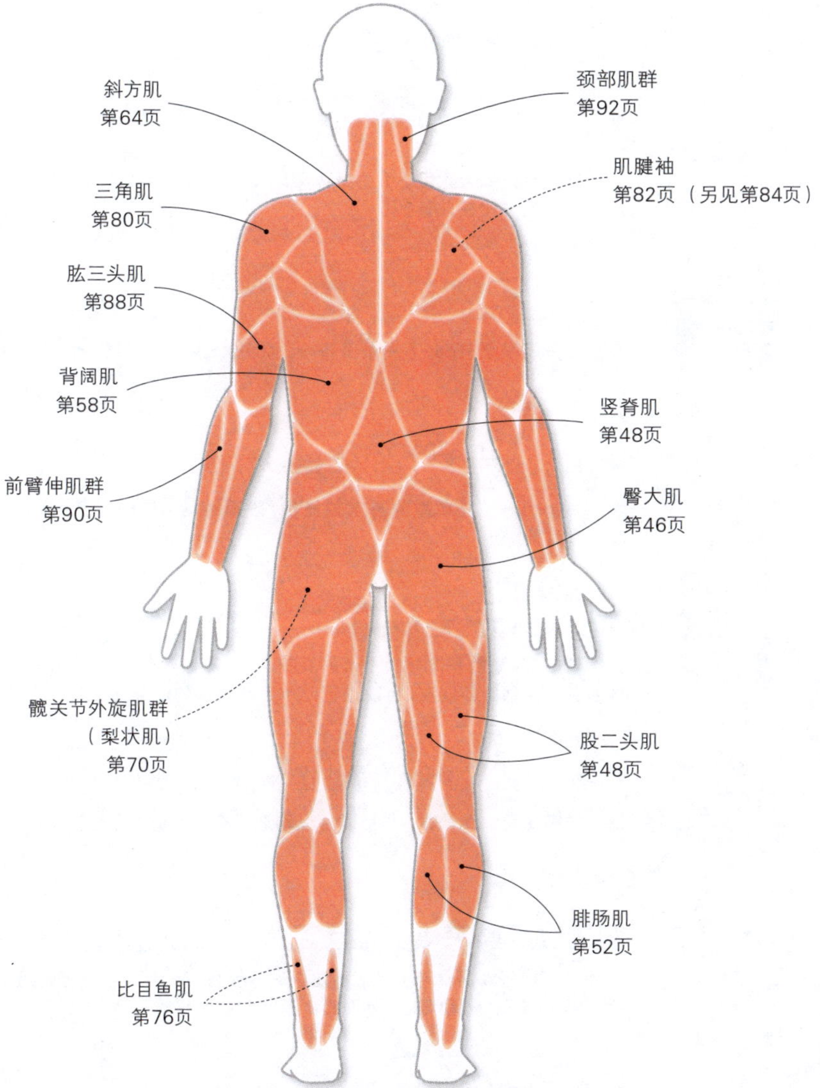

注：实线指位于浅层的肌肉，虚线指位于深层的肌肉。

本书的构成

第1章

做拉筋操有这些好处

了解做拉筋操到底有什么效果与好处。

第2章

先确认身体的柔软度

掌握自己的身体柔软度。不论身体柔软度比实际年龄大或小，都可以通过控制现状来慢慢改善。

第3章

接下来是准备操

正式做拉筋操之前，必须先做准备操，彻底活动并舒展身体的“核心”。

第4章

刚开始这样就行了！10种基本拉筋操

本书筛选出确实需要做的基本拉筋操，没有运动习惯的朋友，请从这些基本项目开始。

第5章

进一步提升！追加项目

觉得只做第4章的基本项目不够的朋友，或从事某项体育活动时，想特别伸展身体某部位的朋友，可以进行此单元所提供的追加项目。

第6章

挑战动作比较大的拉筋操

活力拉筋操动作比较大，非常适合运动选手在练习前后进行。

第7章

利用拉筋操来培养运动习惯

借助拉筋操舒展身体各处后，不妨更进一步做其他运动。好好利用拉筋操来培养自己的运动习惯，从而过上有益身心的积极生活。

第8章

各种不同效能的拉筋操

针对各种不同的目的、状况、体育项目，提供不同种类的拉筋操。不妨依据自己的目的，拟定适合自己的拉筋操内容。

第1章

拉筋操的好处

什么是拉筋操

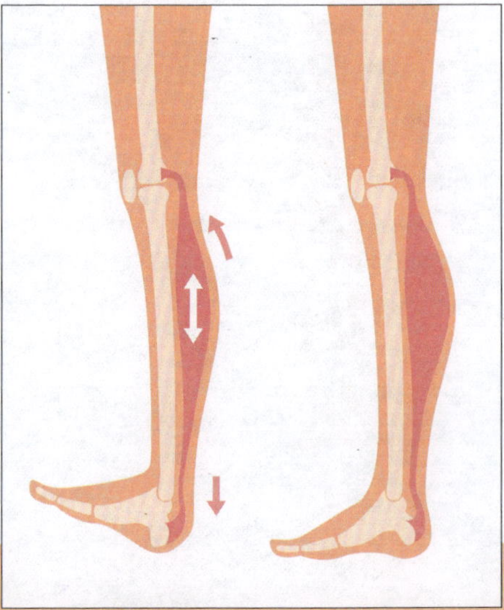

例如要做伸缩脚踝的拉筋操时，必须将小腿的肌肉上下拉伸，尽量伸长肌肉。肌肉呈一直线时，附着在肌肉上的跟腱虽然也会跟着伸长，但幅度有限。

许多人认为拉筋操“好像有益于健康吧”“能帮助身体舒展吧”等，多是一些不甚明确的茫然想法。究竟拉筋操对身体有什么作用，能带给身体什么样的具体变化呢？

其实拉筋操就如字面意思一样，可以“伸展身体”。至于伸展哪个部位，主要还是肌肉。拉筋操能借助于活动关节，将附着在关节上的肌肉向两端“伸展”开来。

只要做做拉筋操来伸展肌肉，就可以让肌肉变得柔软。而“变得柔软”的意思，就是肌肉变得更容易向纵向伸长。如此一来，关节的活动范围就会增加，当身体想前倾时，上半身才能深深地向下弯曲。

除了可以让身体变得柔软外，还能舒展僵硬的肌肉，这些都是做拉筋操的好处。只要做做拉筋操让身体变得柔软，不论身体如何运动，都会觉得舒畅而不疲劳，日常生活就过得更舒适。

MERIT 01

拉筋操的好处

轻松就能完成的运动

“很想运动，可惜没有时间”“无法维持运动习惯”，许多运动力不足的人都有类似的困扰。即便如此，这些朋友只要做做拉筋操，就可以轻轻松松获得完成运动的成就感。

即使只做拉筋操，也可以消耗掉身上的一些多余热量。何况拉筋操不像健步走或跑步，它并非激烈运动，运动强度也不大，算是一种非常轻松的运动方式。

此外，因为瘫痪等原因导致活动量偏小的人，通常肌肉都会因此萎缩变细。只要做做拉筋操，就能在一定程度上将肌肉萎缩控制住，因为做拉筋操，能达到轻度肌肉训练的效果。

比起跑步和肌肉训练等正式运动，拉筋操比较温和，不会造成身体负担和运动伤害，而且很快就能上手，尤其可以在床上等处进行，不像慢跑等运动需要适当场地。拉筋操的这种随时随地可以进行的优点，也是其最吸引人的地方。

先从简单又轻松的拉筋操开始培养运动习惯，可以让自己生活得更积极，更有活力。

MERIT 02

拉筋操的好处

能让身体变得柔软又舒服

只要做拉筋操，就能让肌肉变得柔软，进而容易伸展。肌肉的柔软度增加后，“关节的可动区域”（也就是关节的活动范围）也会扩大。如此一来，身体如果想向前倾时，才能轻松地深深向下弯曲。

一旦关节的可动区域增加，身体在进行大动作运动时，就会感觉轻松又舒服，而且身体柔软又能舒适伸展开来的话，对身体而言也有以下好处：

首先，只要身体变得柔软，日常生活的活动量就会增加，身心两方面也会变得积极。例如增加了走路的步数，连带提高了热量的消耗，进而达到减肥的效果。

其次，身体一旦变得柔软，自然就能改善原本不良的姿势，也能预防日常生活中不小心带来的伤害。

最后，由于运动不足和老化等原因，身体总会在不知不觉中逐渐变得僵硬，要预防这种情形，让自己持续保有柔软的身体，就需要多做拉筋操，好好地伸展肌肉。

MERIT 03

拉筋操的好处

可以舒展
僵硬的肌肉，
让身体变得更轻松

当我们一直维持同样的姿势不动，或持续不断地用力时，肌肉都会因此累积疲劳而变得僵硬，而一旦肌肉变得僵硬，肌肉的血液循环就会跟着变差，结果又给肌肉带来更多的疲劳。

如此一来，肌肉会再度因为累积的疲劳而变得更僵硬，完全陷入恶性循环。肩膀僵硬和腰部酸痛，基本上都和这种恶性循环有关。

拉筋操能消除肌肉的紧张，有效地改善血液循环，进而舒展僵硬的肌肉，这一点已经得到证实，所以才说拉筋操可以改变“处于恶性循环的僵硬肌肉”。

尤其是站着工作的人，或是久坐办公室的人，他们常常因为肌肉容易变僵硬，而深受肩膀酸痛和腰痛等带来的困扰。

这种时候，最好赶紧做做拉筋操，好好地照顾一下已经疲劳的肌肉。

MERIT 04 拉筋操的好处

能让运动时的身体动作更顺畅

借助拉筋操让肌肉变得柔软后，从事各项运动时动作也会变得更顺畅。尤其是必须“充分利用关节可动区域”的运动项目，最重视如何提升肌肉的柔软度。只要能扩大关节的可动区域，比赛时的动作就会变得更顺畅，进而提高运动员的竞争力。

例如新体操和古典芭蕾以及以大动作高抬腿来踢对方的摔跤竞技项目等，都非常重视关节的可动区域。而实际上从事此类运动项目的运动员们也都会把练习重点放在拉筋上。

此外，篮球的投球动作和排球的扣球动作等也很重视肩膀的柔软度，也唯有具备足够的柔软度，运动员才能充分挥动手臂来完成动作。

柔软度十足加上可动区域充分也能预防运动伤害。例如大腿内侧的股二头肌如果够柔软，就能预防拉伤，这一点已经得到证实。

所以想要成为运动健将的人，想要锻炼出柔软且不易受伤的身体的人，就应该常常拉筋。

MERIT 05

拉筋操的好处

有助于使运动后的身体恢复体力

拉筋操对运动健将的贡献，不仅限于提升他们的运动能力。对于练习或比赛后体力的恢复，或是对于与比赛无关的，平日里单纯为了维持健康而运动所产生的疲劳的消除，拉筋操也有很好的效果。

因运动而疲劳的肌肉，非常容易累积乳酸而造成僵硬，在这种情形下，血液循环当然会变差，进而导致肌肉累积更多的乳酸，变得更加僵硬，完全陷入恶性循环。此时若能做做拉筋操，就能有效舒展僵硬的肌肉，进而促进血液循环，有助于快速缓解疲劳，而且还能预防因疲劳引起的伤害。

由此可见，运动后如果想要肌肉放松，就应该认真做拉筋操。

借助拉筋操创造积极的生活

借助拉筋操有效地舒展肌肉后，日常活动自然会觉得舒畅无比，身心两方面都会变得很好，戴上计步器走路时，在未感到疲劳的前提下行走的步数会相应地增加许多。

通过拉筋操创造积极的生活后，不妨开始进行第7章所介绍的各种运动。平常没有运动习惯，“虽然很想运动，却因为不常做运动，身体早就僵硬无比，不听使唤”的人，只要借助拉筋操将肌肉舒展开来，就自然会比较容易进行其他各种运动。不妨从今天开始做拉筋操，逐渐培养自己的运动习惯。

第7章所介绍的健步走和跑步等有氧运动，具有消耗热量、减少多余脂肪的效果。此外，该章还介绍了蹲踞和俯卧撑等肌肉训练方式。锻炼肌肉不但能增强肌肉的力量，而且能让生活变得更舒适，帮助身体轻松地消耗热量。

就让我们来做做拉筋操，并搭配具有减肥效果的有氧运动和肌肉训练，为自己创造积极的生活吧！

专栏 ①

拉筋操
不仅能放松身体，还能放松心灵

拉筋操不仅能舒展肌肉，还具有在精神上缓解压力的效果，等于能同时放松身体与心灵。

早上起床后，如果伸个懒腰，就会觉得身心舒畅了许多。我们会下意识地伸懒腰，或许就是因为身体本能地认为，伸展肌肉会让人更舒心的缘故吧，这种情形也常在动物身上见到，例如猫就经常看似舒服地伸着懒腰呢。

有研究报告指出，借助拉筋操来伸展肌肉时，会让有助于身体放松的副交感神经兴奋，让人的心情平静下来，甚至诱导睡眠。所以泡完澡后，或是就寝前，若能在放松的时间里做做拉筋操，就有可能消除身心疲劳，这也是一种帮助自己获得良好睡眠的有效方法。

第2章

确认你的身体柔软度是几岁

你的身体柔软度是几岁？

确认身体
柔软度的年龄

用3个项目来确认身体柔软度的年龄

正式开始做拉筋操之前，先用本章所列3个项目来检查看一看自己的身体柔软度大约是几岁。如果判定的结果比实际年龄高，就必须特别注意！这代表你的身体已经变得僵硬了，这是一种“危险信号”，此时你可以试试拉筋操。

下一页开始，笔者将逐一解说自我检查时的重点与判定基准。在得出各项目的总分后，可以参照第27页的“判定结果”，确认自己的身体柔软度年龄。

第一步

前倾

（身体背面）

主要确认从大腿内侧（股二头肌）到臀部（臀大肌）和背部（竖脊肌）的柔软度。

第二步

上半身向后仰

（身体正面）

主要确认从髋关节前侧（腰大肌）到躯干前侧（腹直肌）的柔软度。

第三步

肩膀

（肩膀一带）

主要确认肩膀和肩胛骨一带整体肌肉群的柔软度。

第一步 1

柔软度年龄

前倾（身体背面）

确认身体背面部分，尤其是大腿内侧（股二头肌）到臀部（臀大肌）和背部（竖脊肌）的肌肉柔软度。

确认方法

坐下来伸直两侧膝盖直到脚尖，背部挺直，脚背伸直，然后将双手贴在双腿外侧，并往脚踝的方向伸，看看自己的双手能碰到哪个地方。

注意点❶ 伸直膝盖

伸直手臂时，必须确认膝盖维持在伸直的状态，才能进行判定。

注意点❷ 伸直脚背

脚背一旦弯曲，神经就会受到限制，肌肉无法尽情伸展，所以必须特别注意只有在脚背已经伸直后才能正确判定。

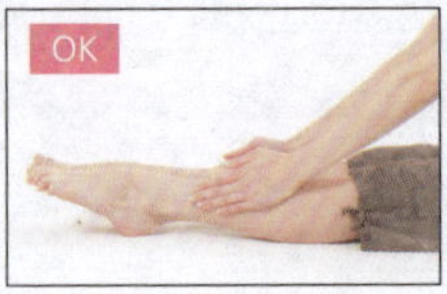

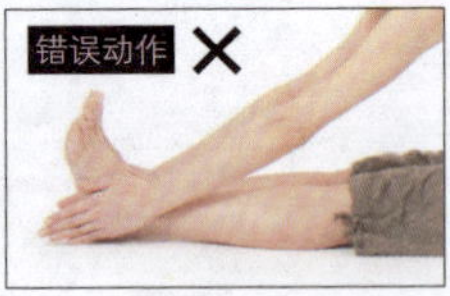

※“身体背面”的“背面”与文中“背侧”“后侧”意义相同，其中“背侧”是按照标准解剖学姿势规定的表示方位的术语。同理，“正面”与“腹侧”“前侧”对应，“腹侧”是术语。

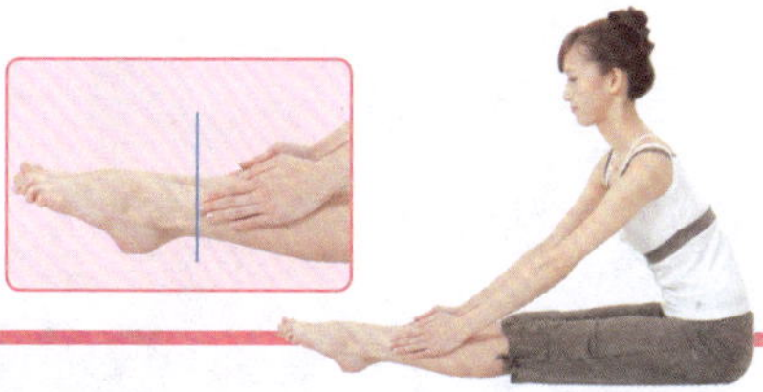

标准❶　指尖无法碰触到脚踝
【男性】1分【女性】0分

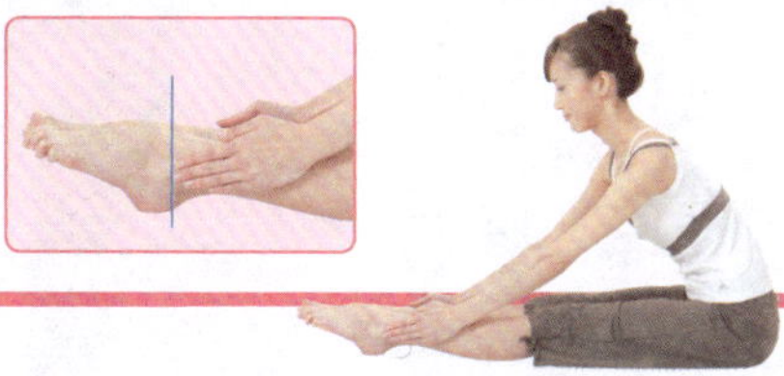

标准❷　指尖可以碰触到脚踝
【男性】2分【女性】1分

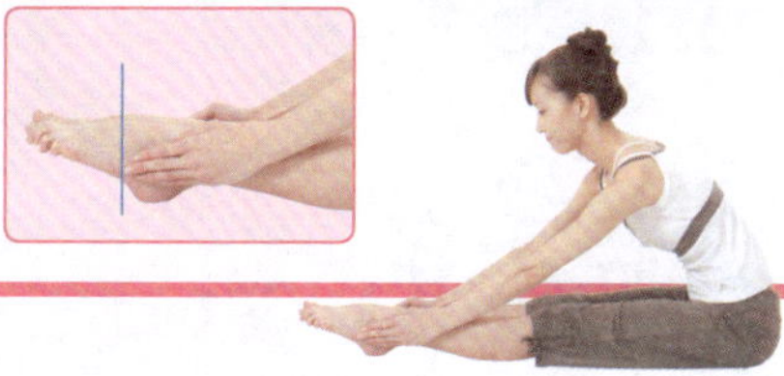

标准❸　指尖可以碰触到脚跟
【男性】3分【女性】2分

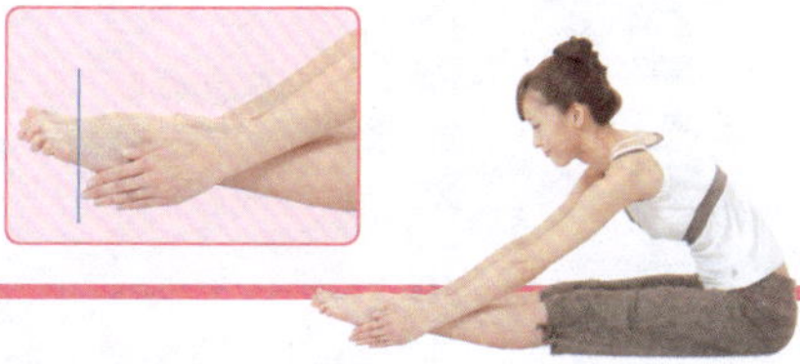

标准❹　指尖可以碰触到脚跟和脚尖之间
【男性】4分【女性】3分

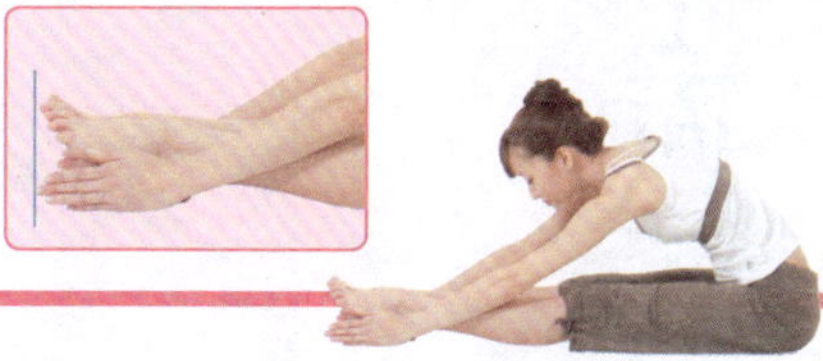

标准❺　指尖可以碰触到脚尖
【男性】5分【女性】4分

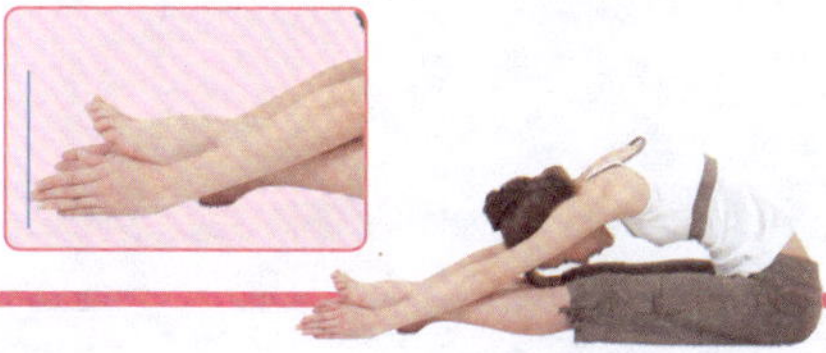

标准❻　指尖可以超过脚尖
【女性】5分

第二步 2

柔软度年龄

上半身向后仰（身体正面）

确认身体正面部分，尤其是从髋关节前侧深处（腰大肌）到躯干前侧（腹直肌）的肌肉柔软度。

确认方法

背对墙壁约3米远（约3大步的距离），然后将双手贴在腰上，身体往后仰，以眼睛能看到的范围为标准来判定。

注意点❶ 以眼睛能看到的最大范围为标准来判定

只要能进入视野，就以该处为标准来判定。

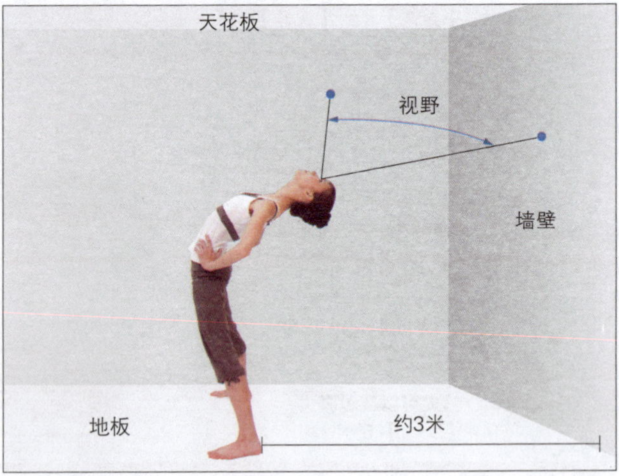

注意点❷ 膝盖不可弯曲

上半身后仰时，膝盖不可跟着弯曲，必须在伸直膝盖的情况下进行判定。

标准❶　看不到墙壁
【男性】1分【女性】0分

标准❷　能看到墙壁和天花板之间
【男性】2分【女性】1分

标准❸　能看到水平的高度
【男性】3分【女性】2分

标准❹　能看到低于水平高度的地方
【男性】4分【女性】3分

标准❺　能看到墙壁和地板之间
【男性】5分【女性】4分

标准❻　能看到最下面的地板
【女性】5分

第三步

3

柔软度年龄

肩膀（肩膀一带）

确认肩膀和肩膀一带整体肌肉群的柔软度。

确认方法

将一只手从头上枕后部向下伸向背部，另一只手由下向上伸向背部。双手不要交握，维持张开的状态，以双手之间能互相碰触到的程度来判定。

注意点1

双手维持张开状态不交握

判定时，双手不能在背后交握，必须维持手掌摊开的状态，测量双手互相重叠的程度。

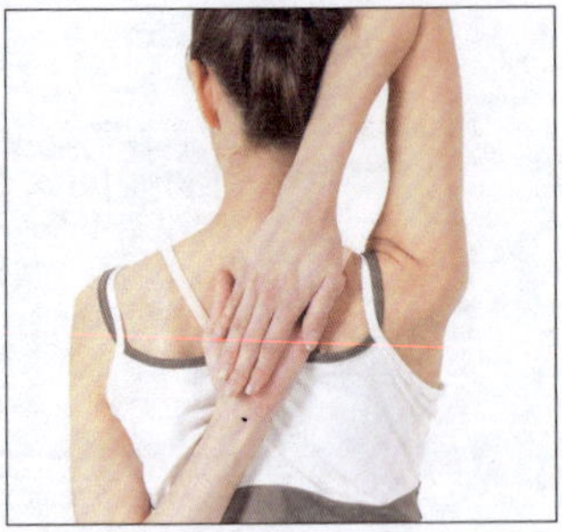

注意点2　判定时以左右两边比较柔软的一边为主

有些人左右两边的柔软程度会有落差，此时以比较柔软的一边来判定，也就是双手重叠度较大的那边。

标准❶ 双手指尖相距超过10厘米
【男性】1分【女性】0分

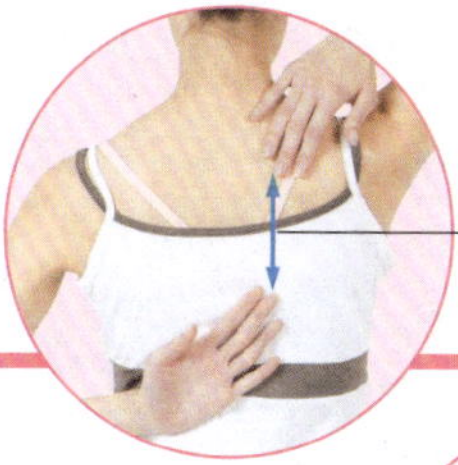

标准❷ 双手指尖距离虽小，但还是碰不到
【男性】2分【女性】1分

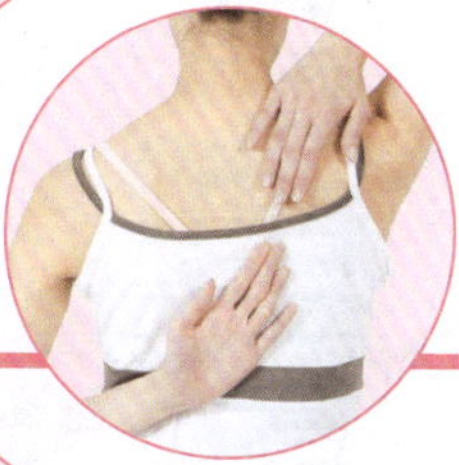

标准❸ 双手指尖能互相碰触到
【男性】3分【女性】2分

标准❹ 能碰触到另一手的指头根处
【男性】4分【女性】3分

标准❺ 能碰触到另一手的手掌
【男性】5分【女性】4分

标准❻ 能碰触到另一手的手掌根
【女性】5分

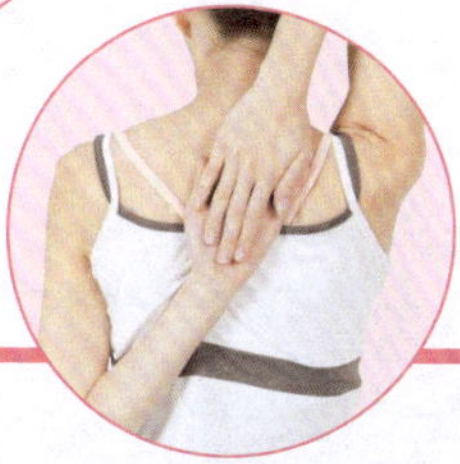

了解自己身体柔软度的年龄

你的身体比实际年龄年轻，还是比实际年龄年老？

前面的判定结果，显示得分与柔软度年龄之间的关系，只要汇总前面3个项目的分数，就能立刻知道自己身体的柔软度大约是几岁。

如果判定结果比实际年龄大，就必须特别注意，因为这代表你的身体已经很僵硬了，此时应以让柔软度年龄追上实际年龄为首要目标，赶快做拉筋操。

如果判定结果与实际年龄差不多，就可以暂时安心。不过毕竟身体越柔软，生活起居各方面会感觉越舒适，所以最好还是多做拉筋操，以期让自己的身体变得更柔软。

至于柔软度年龄比实际年龄小的人，也千万别因此大意。因为只要运动不足，柔软度就会立刻大幅下滑，所以不可因为暂时的判定结果良好而疏于防范，一定要坚持练习拉筋操。

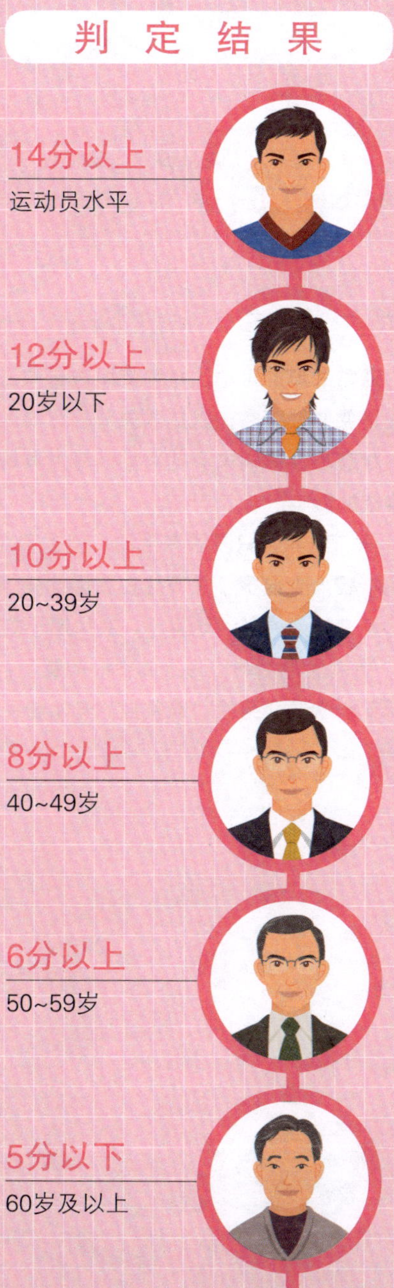

专栏 ②

不只是肌肉，连关节都能变得柔软

通常关节的可动区域都受肌肉可动区域伸展度的限制，而做拉筋操的目的就是要伸展肌肉，以扩大关节的可动区域。但个体情况不同，关节囊、韧带的状态也会影响关节的可动区域尤其是借助脊椎活动的躯干，最容易受关节构造的影响。

关节一带，只要没有活动，就很容易变僵硬，特别是老年人，因为运动量比年轻人少很多，关节往往会因此变僵硬。要维持甚至扩大关节的可动区域，平常就必须多活动躯干，避免躯干的肌肉变僵硬。

想彻底地活动作为身体中心的躯干，确实地舒展躯干的“核心”部位，应从下一章要介绍的“准备操”开始着手。

第3章

从准备操开始

首先做准备操来彻底舒展身体的『核心』

舒展身体“核心”的躯干、髋关节、肩胛骨以提高拉筋操的效果

构成身体中心的躯干和髋关节、肩胛骨等处，笔者将其称为“核心”。

平常不运动的人，通常很难随心所欲地动用这些“核心”部位，而一旦这些“核心”变得僵硬，就无法完全从“核心”来活动身体。

做拉筋操时，必须特别注意核心部位，彻底活动这个部位才行。唯有从“核心”来舒展身体，才能帮助全身肌肉好好地伸展。

所以要正式开始做拉筋操之前，必须先做准备操，彻底地活动身体“核心”。唯有先舒展躯干、髋关节、肩胛骨，设法调整身体后，再来拉筋，才能真正有效果。

必须彻底活动的『核心』三部位

此处特别针对不容易认识到的3个『核心』部位，『躯干』『髋关节』『肩胛骨』做一番说明：做准备操时，应尽量彻底活动这3个『核心』部位。

1 活动 躯干

参照第33页

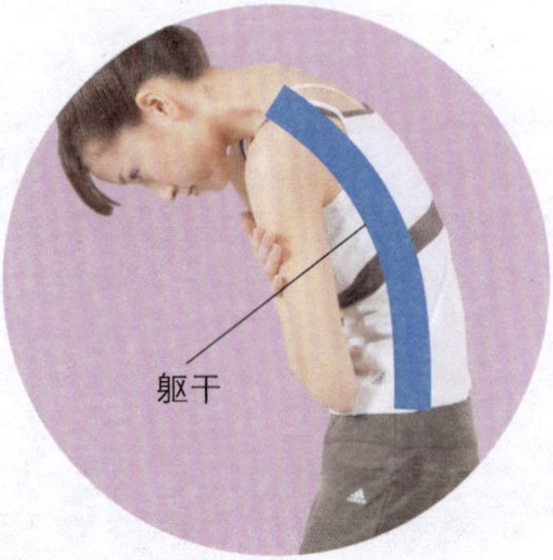

2 活动 髋关节

参照第34页

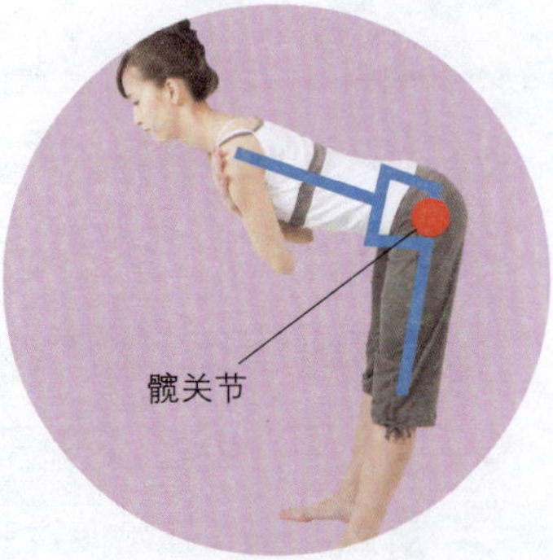

3 活动 肩胛骨

参照第35页

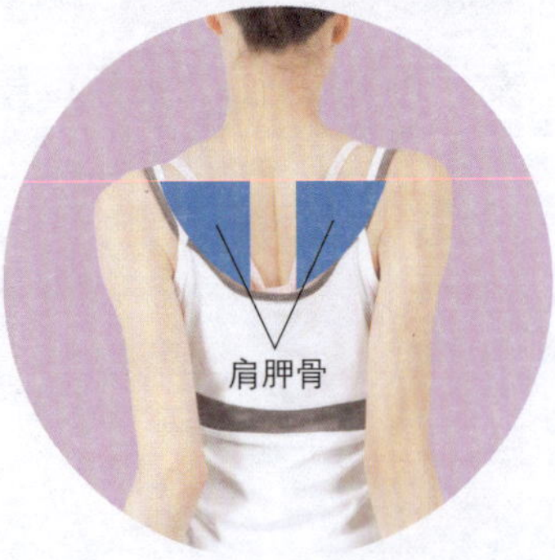

躯干

柔软地活动躯体

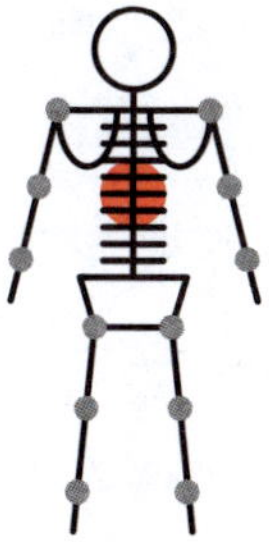

“躯干”指的就是上半身（不含手臂），“活动躯干”就是要活动整条脊椎骨。必须前后左右地弯曲或扭转，设法让躯干朝各个方向活动。由于此处不同于手和脚，平常并不容易让人意识到要去活动一下，所以才会有许多人的躯干变得硬邦邦的。

只要躯干能自由自在地活动，就能让整个躯体的动作变柔软，所以在做准备操时，别忘了尽量彻底活动躯干。

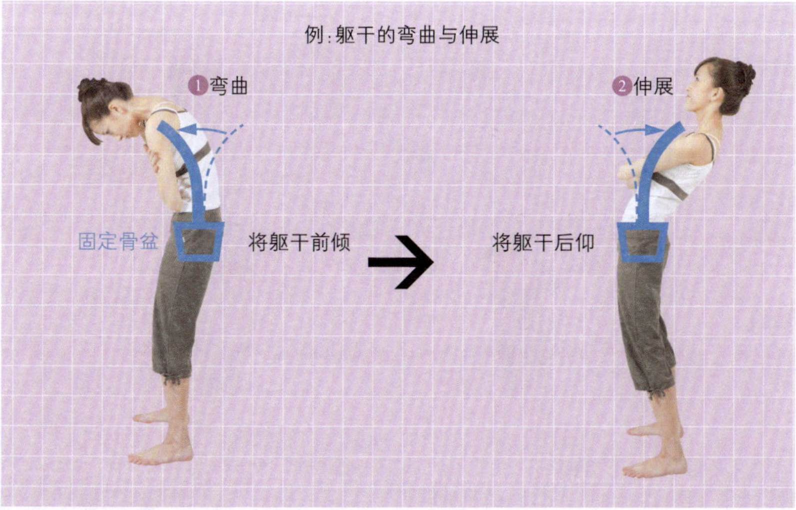

活动躯干就是要活动“骨盆以上的脊椎”。图片里的动作为固定骨盆不动，只弯曲脊椎。

髋关节

平常很难意识到腿根部的髋关节活动

2

活动骨盆之下的大腿称为“髋关节活动”。在日常生活或体育运动里，髋关节会成为走路、跑步和跳跃等动作的下半身起点，是一个非常重要的部位。只要能从腿根部的髋关节开始彻底活动双脚，就能让下半身变得既柔软又充满力量。

比起膝盖和脚踝，髋关节属于“不容易被意识到的关节”，所以更应该设法自由自在地活动这个部位。不妨从准备操开始，彻底地动一动吧。

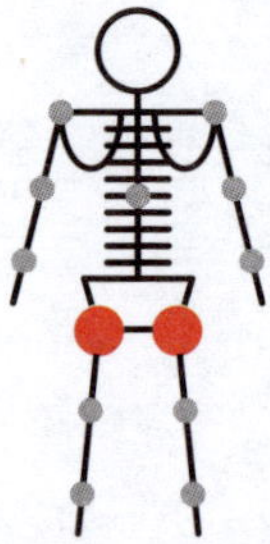

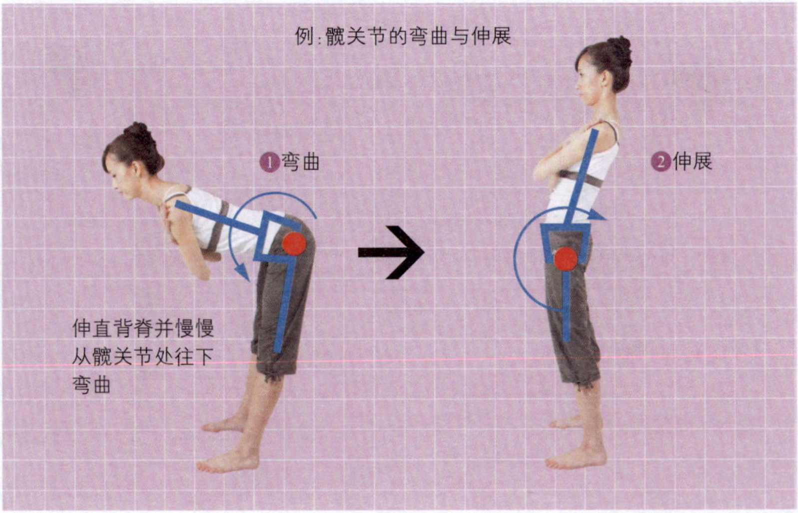

活动髋关节就是要“活动骨盆下的大腿”。图片里的动作为固定大腿不动，只转动髋关节。

肩胛骨

手臂的活动『根基』来自肩胛骨

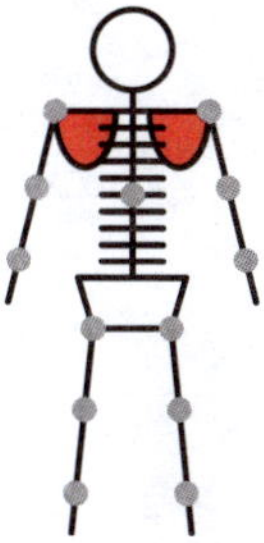

肩胛骨是位于背部上外侧的两块三角形扁骨，也是手臂根处肩关节的“根基”。肩胛骨本身会以滑动的方式活动躯干，而手臂在活动时，也是从“根基”的肩胛骨开始，而非从肩关节开始。

肩胛骨虽然能上下左右自由活动，但因为处于身体背面，同样是平常不容易意识到要活动的部位，所以借助准备操来转动手臂时，一定要好好地注意此处，好好从根基处开始活动。

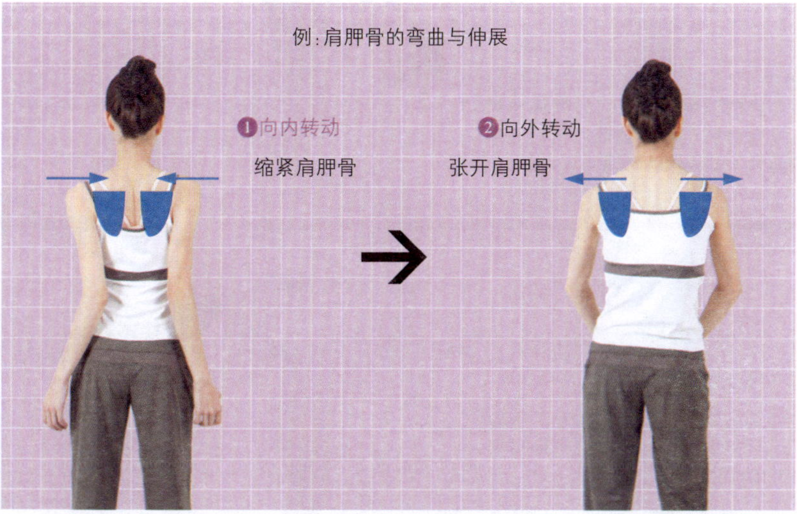

除了向内转动和向外转动外，也可以上下前后方向的环转运动方式来彻底转动肩胛骨。

准 备 操 ①

前后弯

张开双脚站立，尽可能地往前后方向弯曲身体。
要从“核心”部位的躯干和髋关节开始，尽可能地弯曲。

次 数

以做体操的要领，前后各弯曲4次，
8次为1个回合，做2～4个回合。

动作❶

张开双脚站立，双手向前平伸。

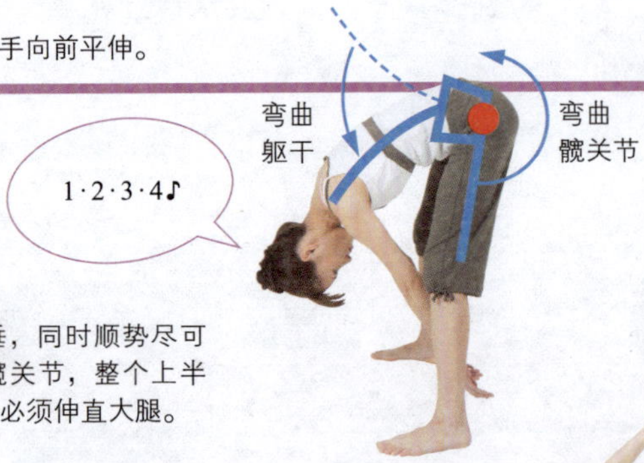

动作❷

将伸直的双手下垂，同时顺势尽可能地弯曲躯干和髋关节，整个上半身前倾。做动作时必须伸直大腿。

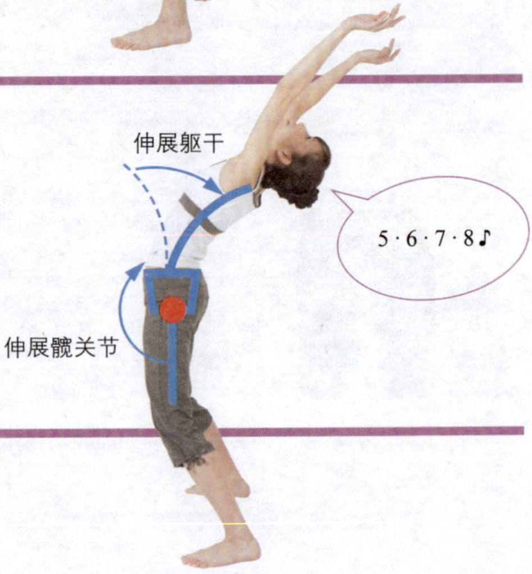

动作❸

将伸直的双手上扬，同时顺势将躯干尽可能地后仰。此时必须伸展髋关节前侧和腹部。

准 备 操 ②

躯干侧弯

侧弯手臂时，要顺势尽可能地侧弯躯干。
除了躯干外，也要同时伸展腋下的背阔肌。

次 数

以做体操的要领，左右各侧弯4次，
8次为1个回合，做2～4个回合。

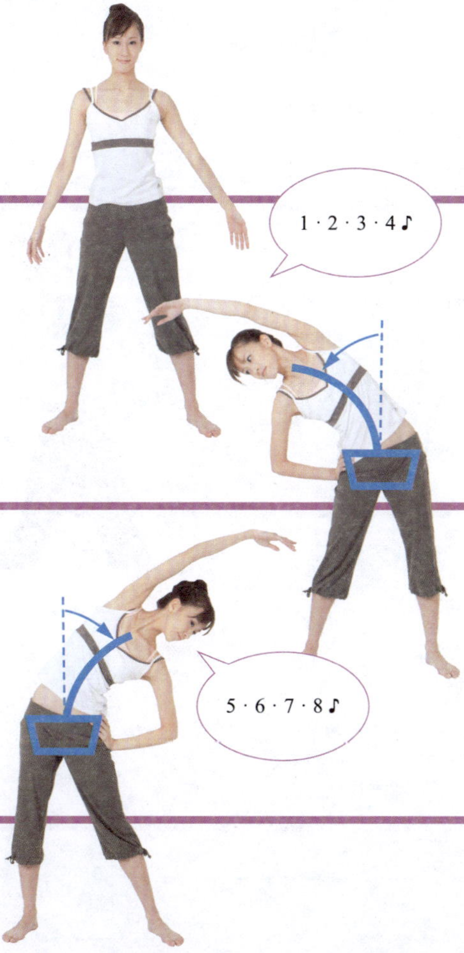

动作❶

张开双脚站立，双手随意张开。

动作❷

其中一只手举到头顶上方，跟随一侧手臂向对侧弯曲，上半身的躯干顺势向侧面弯曲，同时伸展腹内斜肌、腹外斜肌以及位于腋下的前锯肌和背阔肌。

动作❸

另一边也要做同样的动作。

准　备　操 ③

旋转躯干

维持张开双脚站立的姿势，从“核心”部位的躯干开始，尽可能地往左右方向旋转上半身。

次 数

以做体操的要领，左右各转动4次，
8次为1个回合，做2~4个回合。

动作❶

张开双脚站立，斜向下伸直张开手臂，同时顺势尽可能地旋转上半身。

动作❷

利用将手臂向上举起伸直时的力量，顺势尽可能地旋转躯干的上半部。两手在节拍1和3的时间点上分别向上伸展，共计伸展2次。（以身体正前方为12点，身体右转为顺时针方向。）

动作❸

相反方向也要做同样的动作，并在节拍5和7的时间点上伸展，同样共计伸展2次。

准　备　操 ④

转动上半身

维持张开双脚站立的姿势，
以“核心”部位的躯干为主，尽可能地转动上半身。

次 数

以做体操时的要领，左右各转动4次，
8次为1个回合，做2~4个回合。

动作❶

张开双脚站立，伸直手臂，做准备动作。

动作❷

利用手臂的转动力量，以躯干为主，尽可能地转动上半身1圈。

动作❸

维持原状，然后360° 转动1个大圆圈。让躯干一带的肌肉向各个方向伸展开来。接着朝反方向同样转动1圈。

准 备 操 ⑤

压 腿

将双手放在两边膝盖上，左右交互地伸展大腿内侧。
必须从“核心”的髋关节处开始，将脚往外伸展并做压腿动作。

次 数

以做体操时的要领，左右各伸展4次，
8次为1个回合，做2～4个回合。

动作❶

张开双脚站立，双手放在两侧膝盖上。

动作❷

将身体重量放在单只手上，同时伸展大腿内侧，此时必须有意识地以髋关节为支撑点，并将大腿向外伸直（支撑用的手向下压膝盖）。

动作❸

相反方向也要做同样的动作。

准备操⑥

旋转手臂

尽量旋转手臂，以舒展肩膀周围的肌肉群。必须从手臂根处肩关节的“根基”——肩胛骨开始，尽可能地转动整只手臂。

次数

以做体操时的要领，各向前、向后转动手臂4次，8次为1个回合，做2~4个回合。

动作❶

采取站姿，伸直手臂，顺势用力地前后转动手臂。

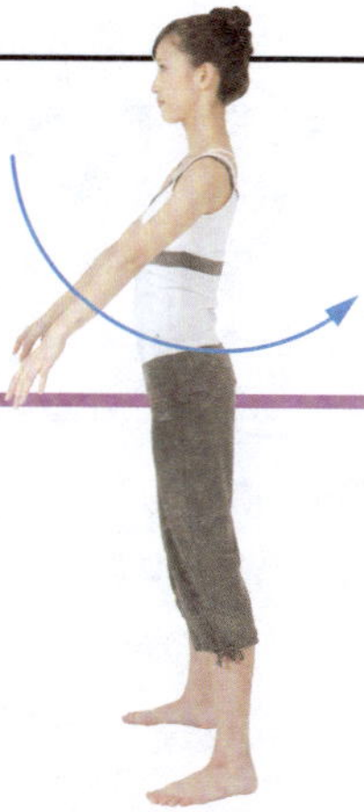

动作❷

一边尽可能地转动肩胛骨，一边转动手臂。

动作❸

尽量以大动作朝四面八方旋转，相反方向也要做同样的动作，在4个节拍中，必须旋转手臂2圈。

要点

不能只转动肩膀以下的手臂，应同时转动包含肩膀“根基”在内的整个肩部。

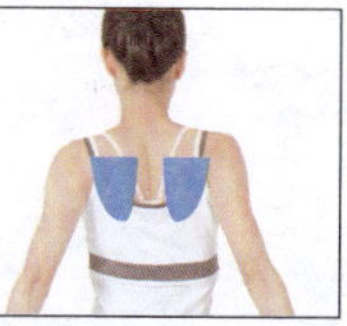

专栏③

做广播体操的好处

应该没有人不知道什么是广播体操吧？笔者还是小学生时，就经常在暑假的早晨，和同学一起到附近的公园做广播体操。当时并没特别意识到它的好处，但其实做这种广播体操具有充分活动“核心”部位的重要意义。

在一般广播体操的项目里，包含了第3章所介绍的前后弯和转动上半身、旋转躯干等动作，内容丰富，尤其是“躯干”“髋关节”“肩胛骨”等，平常不容易意识到的身体中心部位，都能通过广播体操充分地活动起来，进而使身体得到舒展。

反过来说，如果动作不够大，即使经常做广播体操，也无法得到舒展核心部位的效果。假若有机会做广播体操，请一定牢记本书所提的重点，尽情活动自己的身体。

第4章

10种基本拉筋操

10种基本拉筋操

分部位拉筋操

只介绍确实需要做的基本拉筋操

本章主要针对分部位拉筋操中确实需要做的基本拉筋操，说明其步骤与动作要领。

平常不太习惯运动的人，或是因为很忙，根本没有时间运动的人，都可以从本章所介绍的基本拉筋操开始。当然，平常就已经有运动习惯的人，也非常适合从这个部分开始。因为这些动作是各种拉筋操中最基本、最重要的，一定要完全学会。

做拉筋操时
应注意的重点

① 放松并慢慢伸展

放松要做拉筋动作的肌肉，并慢慢伸展。

② 伸展极限为“虽然痛但觉得舒服”

伸展肌肉时，最大极限只能伸展到“虽然痛但觉得舒服”的程度（运动员想提高特定部位的可动区域时，或想让自己拥有更柔软的身体时，则不在此列）。

③ 每一种拉筋操动作的进行时间以15秒为宜

在肌肉得以充分伸展的状态下，可维持15秒的静止状态；但若有累积过度疲劳的情形，则应缩短维持的时间；而若想进一步提高身体的柔软度时，则可以延长至30秒。

在各种拉筋操的说明页里，会以下列图示代表
该拉筋操适合从事哪种运动的人，不妨作为参考。

棒球　足球　短跑　长跑　游泳　摔跤类　舞蹈

No. 01

适合人群

基本拉筋操 1

臀部拉筋操

改善项目

腰痛

姿势不对

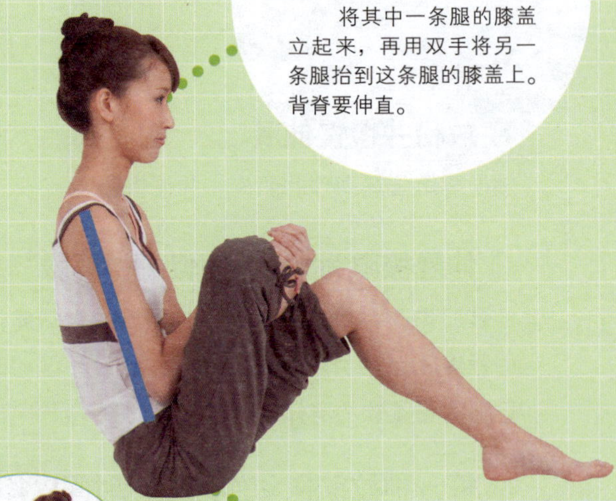

1

采取坐姿并将一只脚放在另一条腿的膝盖上

将其中一条腿的膝盖立起来，再用双手将另一条腿抬到这条腿的膝盖上。背脊要伸直。

能伸展哪里的肌肉？……臀大肌

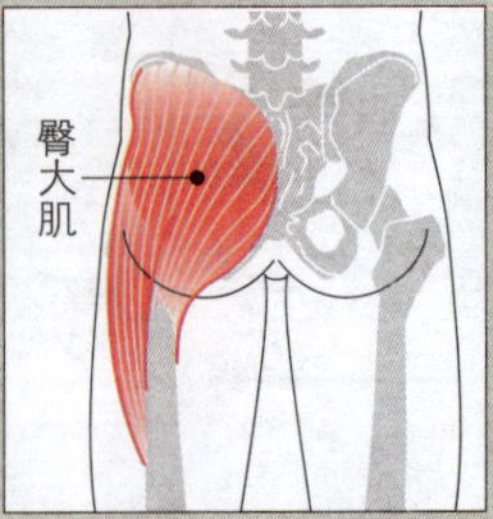

臀大肌是位于臀部的一块大肌肉，主要负责控制下肢从髋关节处往后方摆动（髋关节伸展）的动作，例如短跑、跳跃等大量使用下半身的运动，是非常重要的肌肉。

这种拉筋操的好处

由于臀大肌是许多运动与日常生活中非常频繁使用到的肌肉，平常一定要好好保养。只要臀大肌变柔软，步行与跑步等需要挥动双脚的动作就会变得更顺畅。

2

将胸部贴近膝盖

在挺胸与伸直背脊的状态下，将髋关节以上的上半身往前倾。

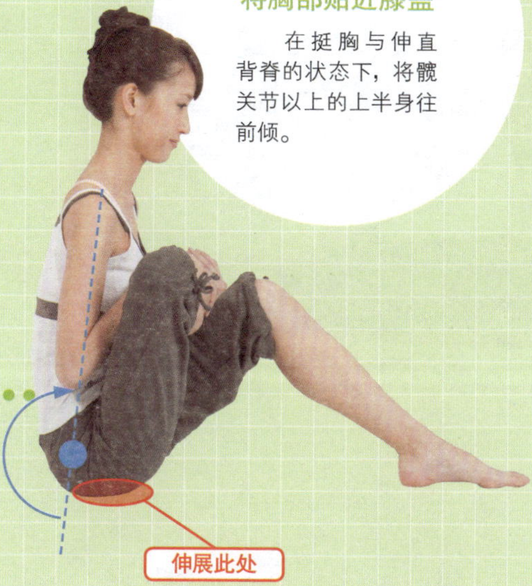

只想轻度伸展的人

不容易将上半身往前倾的人，不妨把其中一只脚跨在另一条腿的膝盖上，然后双手撑在后方地板上即可。

Memo

要点

从髋关节处开始弯曲

不可以驼背，应该从双腿根处的“髋关节”开始，慢慢将上半身往前倾。

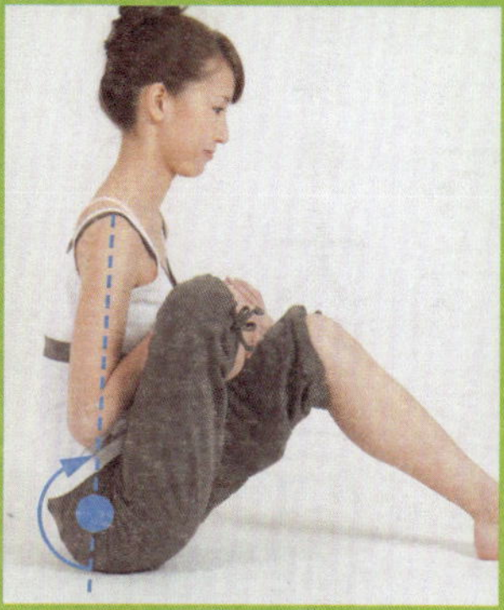

错误动作

只弯曲背部

如果只弯曲背部，而没有从髋关节处开始往前倾，就无法有效伸展臀大肌。

No.
02

基本拉筋操 ② 大腿后侧、腰背部拉筋操

适合人群

改善项目

腰痛

姿势不对

1 伸直双腿坐着

伸直双腿坐着，然后将双手往前方伸直。此时脚背也可以伸直。

能伸展哪里的肌肉？……………………股二头肌、竖脊肌

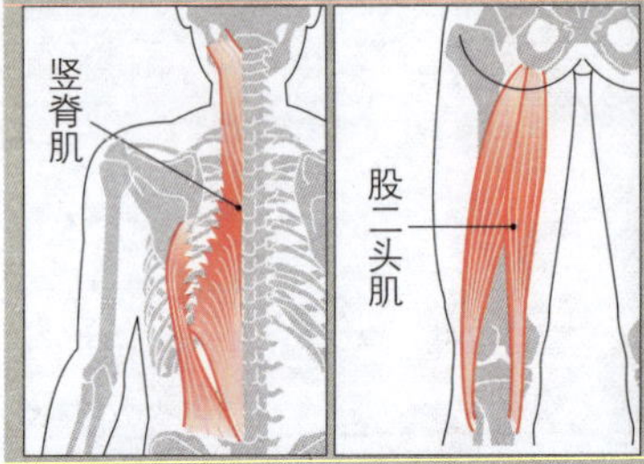

股二头肌是位于大腿内侧的肌肉，主要负责控制下肢从髋关节处向后方摆动（髋关节伸展），以及弯曲膝盖的动作。

竖脊肌主要负责控制仰头和将脊椎部分向后伸展的动作，也就是一般俗称的“背肌”。

这种拉筋操的好处

只要股二头肌变柔软，跑步等需要将脚往前伸出的动作就会变得更顺畅。由于股二头肌同时是容易造成拉伤的部位，一定要完全伸展。此外，竖脊肌主要负责维持身体的姿势，容易累积疲劳。这些部位的肉肌变柔软也能有效预防腰痛。

2 从髋关节处开始将上半身往前倾

稍微弯曲背部，从髋关节处开始将上半身往前倾，双手往前方伸直。

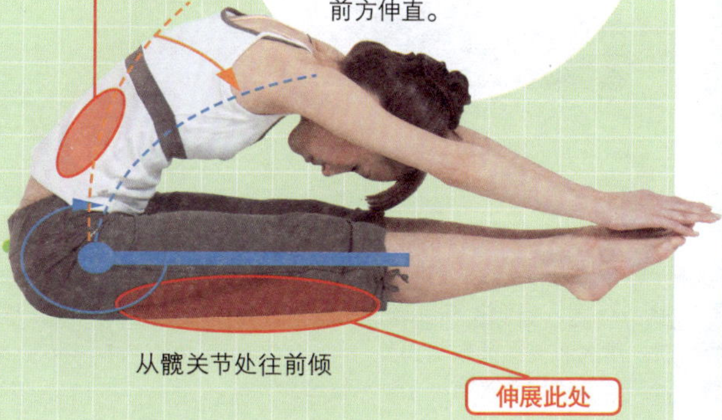

只想轻度伸展的人

没办法靠背部力量将上半身往前倾的人，只要放任身体的重力，轻轻往前倾就行了。

Memo

要点

脚背也要伸直

脚背弯曲，坐骨神经会受到限制，很难彻底伸展肌肉，所以不妨伸直脚背，在放松神经的状态下做这个动作。

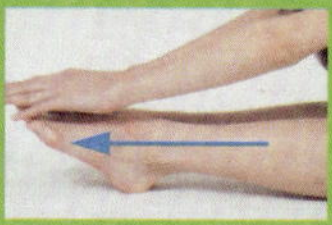

动作①

将重点放在大腿内侧

将重点放在大腿内侧的肌肉时，就伸直脊背，然后从髋关节处开始将上半身往前倾。

动作②

将重点放在腰部

将重点放在腰背部的竖脊肌时，就有意识地弯曲背部来做这个动作。

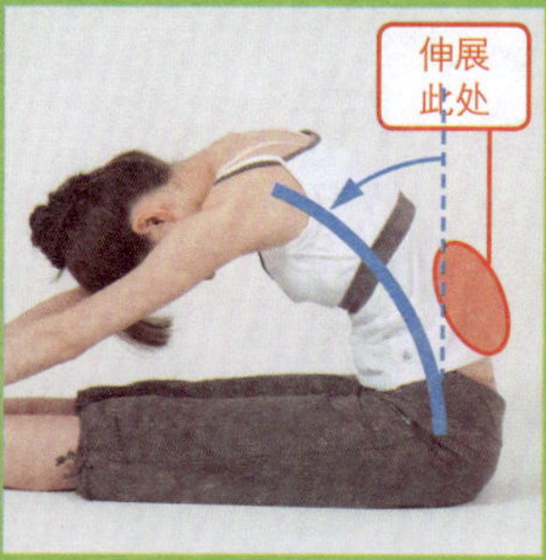

No. 03

适合人群

基本拉筋操③ 髋关节前侧（腹部深处）拉筋操

1

一只脚往旁边伸出

采取俯卧姿势，将一侧下肢在髋关节处张开90° 向旁边伸出。

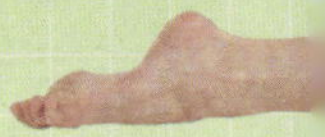

这种拉筋操的好处

跑步或踢球等将脚往前踢出的动作，都会用到腰大肌。腰大肌变得柔软能调整骨盆和脊椎的方向，有效预防腰痛。

改善项目

腰痛

姿势不对

能伸展哪里的肌肉？……………… **腰大肌**

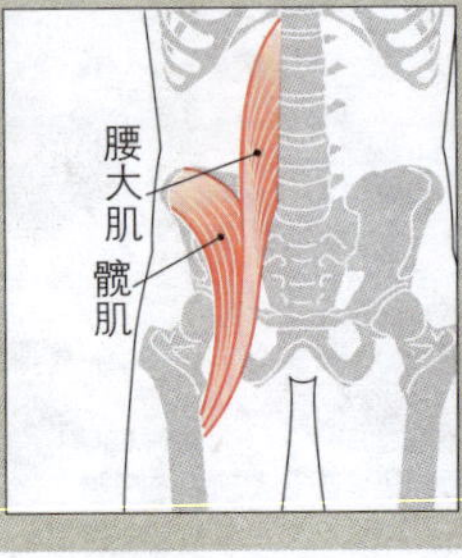

这是位于腹部深处的深层肌，主要负责控制下肢从髋关节处向前方踢出（髋关节伸展），跑步或其他将下肢向前抬起之类的动作，都会用到腰大肌。因为腰大肌是连接脊椎和骨盆的肌肉，所以也具有让骨盆向前倾，以维持脊椎前弯姿势的功能。

2

上半身向上抬

将双手撑在地板上，注意别让背部向后弯曲，而是挺直呈一直线，再将髋关节以上的上半身向上抬。

只想轻度伸展的人

无法将上半身抬高的人，不妨将双手的摆放位置稍微向前方挪一点。

Memo

要点❶

不可以弯曲背部 要从髋关节处抬起上半身

不可以让背部向后弯曲，而是要从双腿根处的髋关节开始，慢慢抬高上半身。

要点❷

将身体重量放在伸直的腿上

将身体重量放在伸直的那一侧下肢的膝盖上，千万别放在向旁边伸出的脚上。

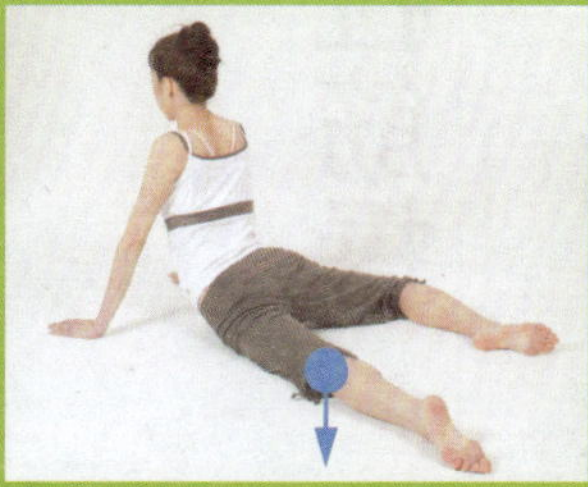

错误动作　背部向后弯曲

如果背部向后弯曲，就无法从髋关节处抬高上半身，当然也就不能有效伸展腰大肌。

No. 04

基本拉筋操 4

小腿后上侧拉筋操

适合人群

改善项目

下肢疲劳

1

脚尖贴在墙壁上

利用墙壁或楼梯等处，将脚尖贴在上面，然后伸直膝盖。

能伸展哪里的肌肉？……腓肠肌

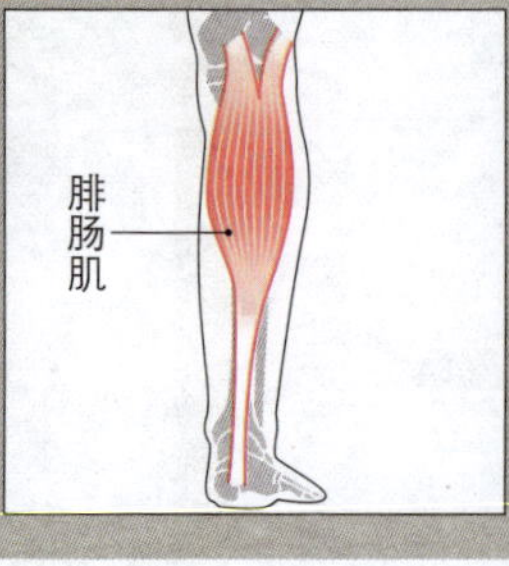

这是位于小腿后上侧的肌肉，主要负责控制伸直脚踝（足跖屈），以及弯曲膝盖的动作。伸直膝盖并弯曲脚踝能有效伸展腓肠肌。跑步、跳跃等需要大力量的下半身动作，都是靠腓肠肌的灵活运动来支撑的。

这种拉筋操的好处

腓肠肌是在跑步和跳跃等大力量的下半身动作时，经常使用到的肌肉，同时也是运动时最容易拉伤的肌肉。身为运动选手的人一定要设法让腓肠肌变得柔软。

2 维持膝盖伸直的状况并将脚向前倾

在维持膝盖伸直的前提下，将身体重量放在脚上向前倾，让脚踝渐渐弯曲。

Memo

要点

维持膝盖伸直的状态

腓肠肌同时也是具有弯曲膝盖作用的“双关节肌”，所以必须伸直膝盖做这个动作。

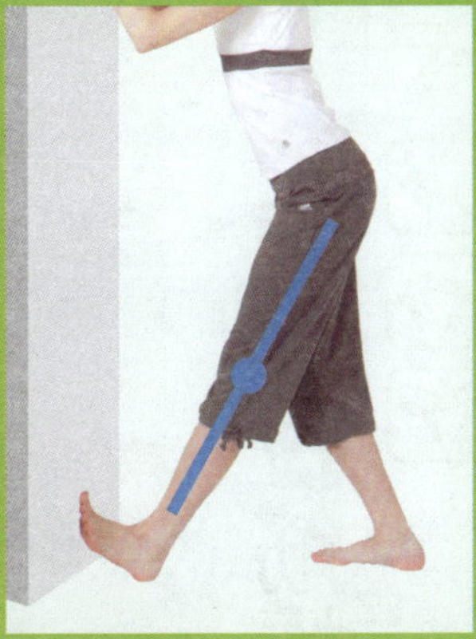

错误动作 弯曲膝盖

一旦弯曲膝盖，腓肠肌就会松弛下来，无法得到有效伸展。

只想轻度伸展的人

不容易将脚向前倾的人，就不要把身体重量放在脚上，只要慢慢向前倾即可。

No. 05

适合人群

基本拉筋操 5

腹部拉筋操

改善项目

腰痛

姿势不对

1

采取卧姿，双手撑在身体两侧

采取卧姿，然后将双手撑在身体两侧。

能伸展哪里的肌肉？……腹直肌

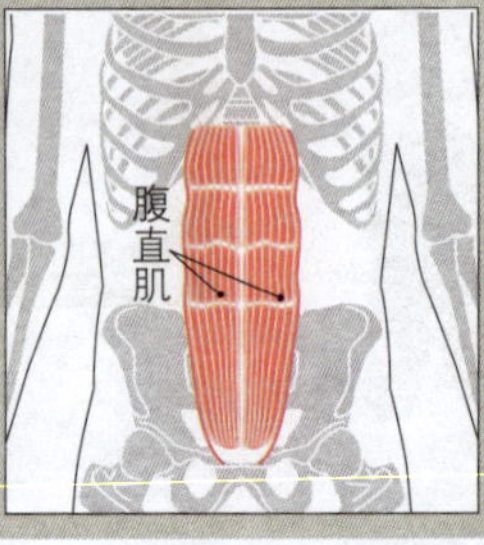

腹直肌位于腹部前方，一般有6~8块肌肉，也就是众所周知的“腹肌”。主要负责控制躯干的弯曲动作（脊柱前屈），同时也被用来维持站姿以及在运动时稳定躯干。

这种拉筋操的好处

由于主要作用是被用来维持上半身的姿势，所以非常容易疲劳。腹直肌变得柔软能预防躯干变弯曲，也就是避免驼背的情形，同时还能改善姿势，进而预防腰痛的发生。

2 抬起上半身并向后弯曲背部

将双手撑在地板上，伸直手臂，然后抬起上半身，让背部向后弯曲。

只想轻度伸展的人

不容易将上半身抬高的人，不妨将手肘以下的部位贴在地板上，再来做这个动作。

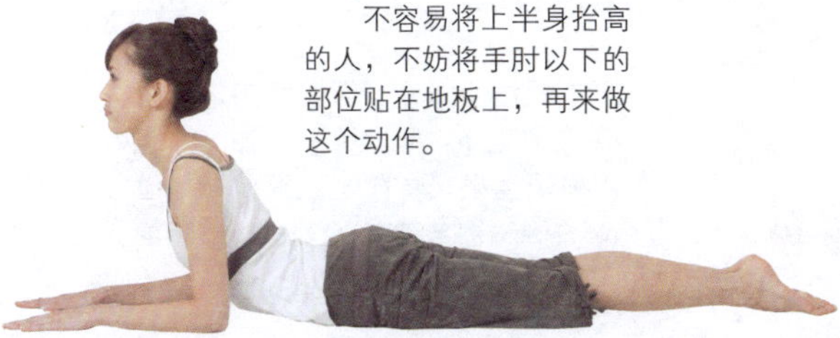

Memo

要点❶

吸气后抬高胸部

由于腹直肌位于胸部下侧，也就是心窝附近，只要吸气后抬高胸部，就能彻底得到伸展。

要点❷

从背部开始向后弯曲

由于腹直肌是和脊椎部分的躯干动作有关的肌肉，所以应从背部开始向后弯曲，而不是从髋关节处开始。

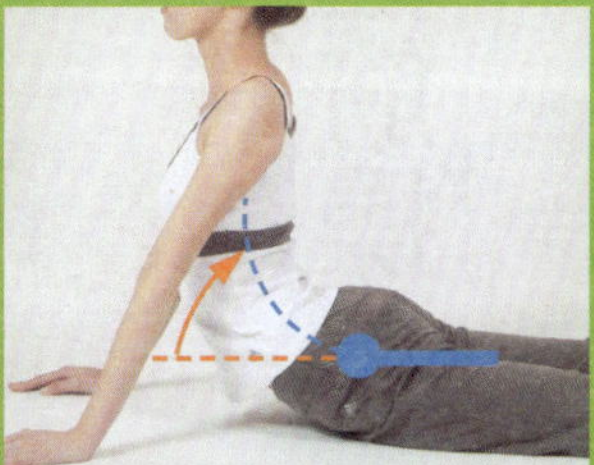

错误动作

背部太直并从髋关节处开始弯曲

如果没有从背部开始，而是从髋关节处开始向后弯曲，就无法伸展腹直肌。

No. 06

基本拉筋操 6 腹外侧区拉筋操

适合人群

改善项目

腰痛

姿势不对

1 采取坐姿并扶住椅背

尽量往后坐在椅子上，然后双手扶住椅背。

这种拉筋操的好处

进行投球、挥棒、跑步等必须用力扭转躯干的运动时，都会大量使用腹内斜肌与腹外斜肌，一旦左右腹内斜肌或腹外斜肌柔软度出现落差，脊椎就会侧弯，无法维持均衡的姿势，导致腰痛的发生。包括打棒球在内的许多运动，左右的动作经常不对称，腹内斜肌与腹外斜肌两边的柔软度常常因此产生落差，所以应该切实舒展左右的腹外侧区肌肉。

能伸展哪里的肌肉？……腹内斜肌与腹外斜肌

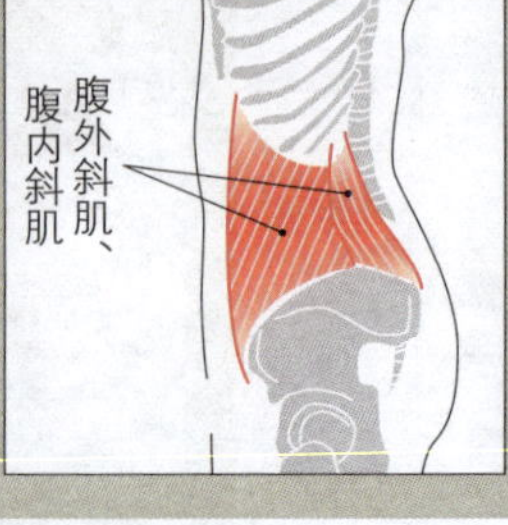

这是位于腹外侧区的肌肉，靠近皮肤的是腹外斜肌，位于深处的是腹内斜肌。主要负责控制从脊椎处将躯干向一侧弯曲或旋转的动作（脊柱侧屈与旋转）。

2 转动肩膀 旋转躯干

双手继续扶住椅背，然后转动肩膀，同时旋转躯干。转动肩膀时，要注意髋关节不可跟着转动。

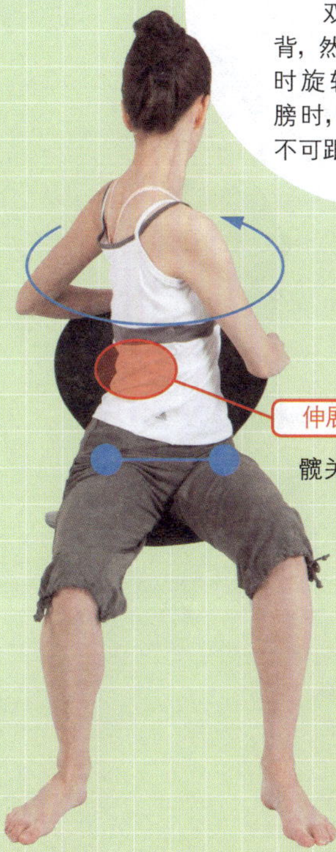

只想轻度伸展的人

如果双手扶住椅背不容易旋转躯干，不妨只用一只手扶住椅背，再来做这个动作。

Memo

要点

固定骨盆不动

髋关节（骨盆）要定住不动，只转动肩膀，才能有效伸展腹内斜肌与腹外斜肌。

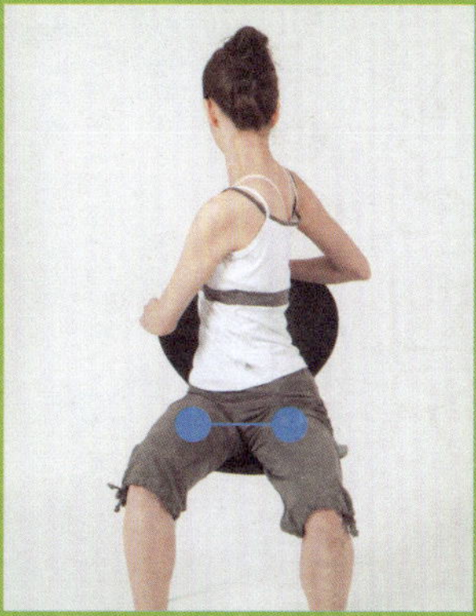

错误动作

髋关节跟着肩膀转动

髋关节如果随着肩膀转动，就无法有效伸展腹内斜肌与腹外斜肌。

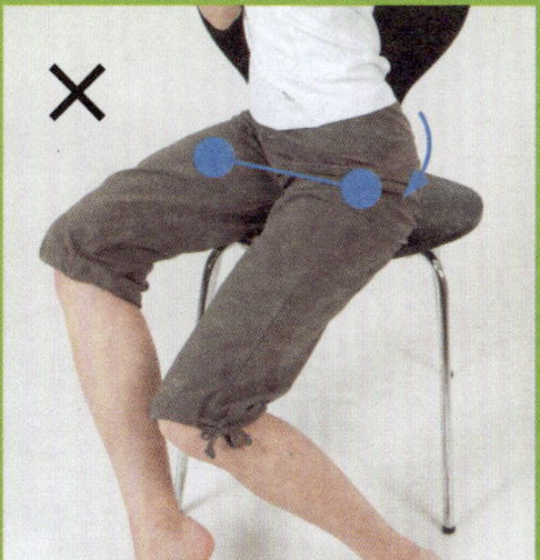

No. 07

适合人群

改善项目

姿势不对

基本拉筋操 7 胸背区与腹外侧区拉筋操

1 采取站姿 双手交握于头顶

采取站姿，双手交握于头顶，并伸直手肘。交握的双手手掌要朝下。

能伸展哪里的肌肉？……背阔肌、腹内斜肌与腹外斜肌

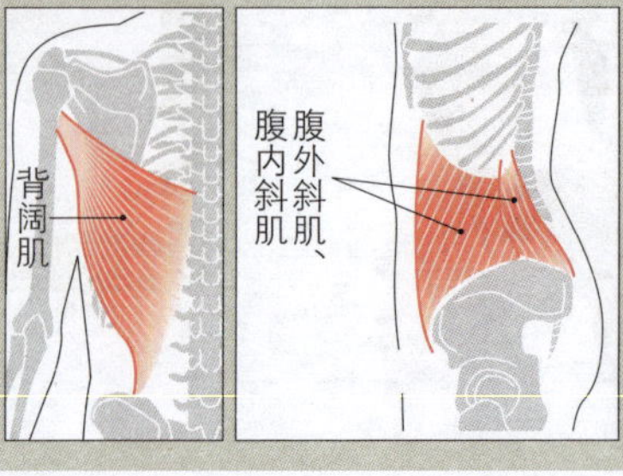

背阔肌是位于背部两侧，呈倒三角形，面积较大的肌肉。主要负责控制从肩关节处开始的手臂向下方或后方挥动的动作（上臂内旋与后伸）。这种拉筋操除了能伸展背阔肌外，也能同时伸展腹内斜肌与腹外斜肌。

这种拉筋操的好处

划船与摔跤类的运动等需要用到手臂力量的运动项目都会大量使用到背阔肌。而进行敲键盘或写作业等在桌子上的动作时，也会下意识地将手贴在桌子上，导致背阔肌累积不少的疲劳。只要觉得背阔肌疲劳时，就可以做这种拉筋操，以维护健康。

2
将躯干与手臂同时向旁边弯曲

躯干向旁边弯曲时，手臂跟着向旁边弯。可以用位于下方的手臂来拉动双手，有效伸展背阔肌。

只想轻度伸展的人

无法用下方的手臂来拉动双手的人，就放任上方的手臂随着重力向旁边弯曲。

Memo

要点

从躯干开始弯曲而非从髋关节

利用脊椎的动作来弯曲躯干，有效伸展位于躯干侧面的背阔肌、腹内斜肌和腹外斜肌。

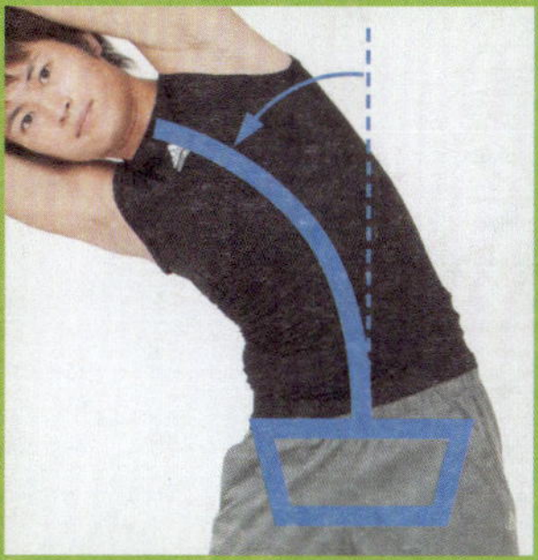

错误动作

从髋关节开始无法弯曲躯干

如果从髋关节就开始向旁边弯曲，躯干会变成一直线，无法有效伸展背阔肌、腹内斜肌和腹外斜肌。

No. 08

基本拉筋操 8

胸部拉筋操

适合人群

改善项目

肩膀酸痛

姿势不对

1 弯曲手肘，手臂贴在墙壁上

将手肘上抬到与肩膀齐高，手臂贴在墙壁上，让手肘呈弯曲状。

能伸展哪里的肌肉？……胸大肌

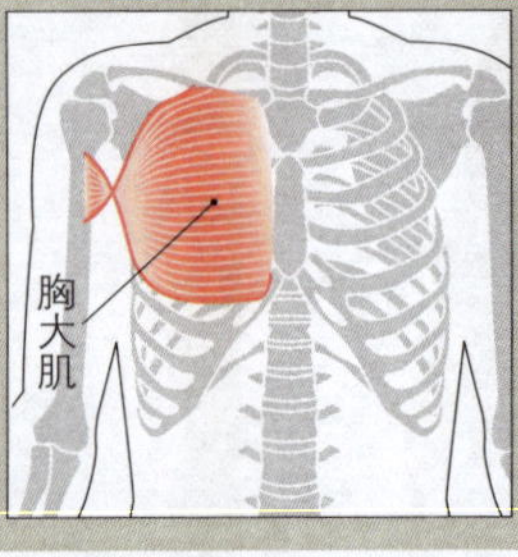

胸大肌是位于胸部前面呈扇形的肌肉。主要负责控制肩关节内收、内旋、前屈的动作（肩关节水平屈曲）。

这种拉筋操的好处

打排球时扣球等需要将手臂向前挥动的动作，以及拳击等需要将手臂向前伸的动作，都会用到胸大肌。如果胸大肌变得柔软，就有可能改善驼背的不良姿势，进而预防肩膀僵硬与酸痛的发生。

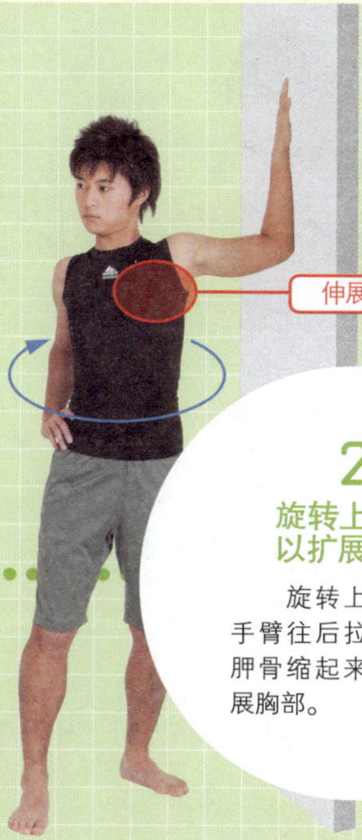

2 旋转上半身以扩展胸部

旋转上半身，让手臂往后拉，并将肩胛骨缩起来，就能伸展胸部。

只想轻度伸展的人

无法将手贴在墙壁上旋转身体的人，就不要利用墙壁，改将双手手臂向后面延伸。

Memo

要点

挺胸并缩紧肩胛骨

只有用力缩紧肩胛骨并挺胸，才能完全伸展胸大肌。

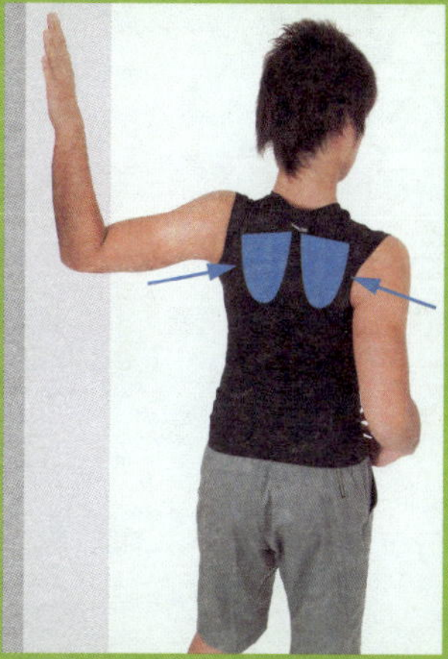

错误动作

驼背

一旦驼背，就无法伸展胸大肌，所以做这个动作时，务必挺胸并缩紧肩胛骨。

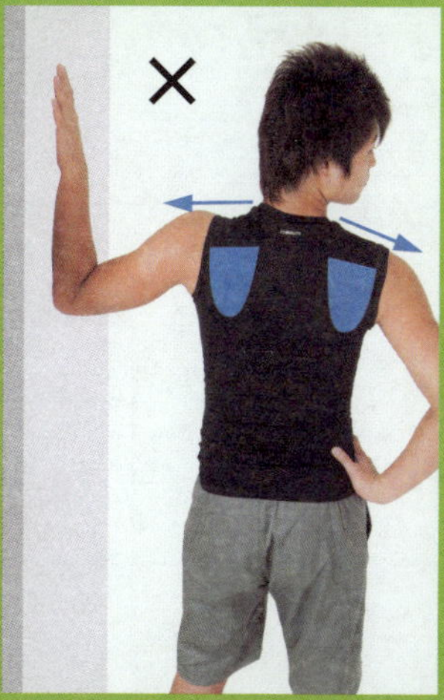

No. 09

适合人群

改善项目

肩膀酸痛

姿势不对

基本拉筋操 9

肩胛骨一带的拉筋操

1 双手手掌贴在墙壁上

在离墙壁约1米处站定，然后双手手掌贴在墙壁上。伸直手臂，手指稍微向内侧转动（肩膀内旋）。

能伸展哪里的肌肉？……肩胛骨一带的肌肉（大圆肌等）

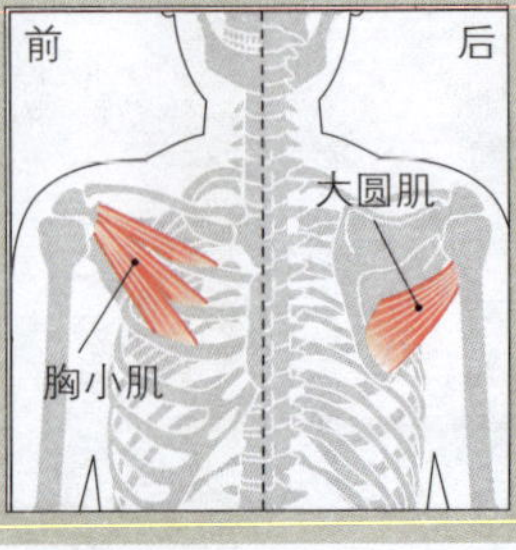

肩膀和肩胛骨一带，除了有胸大肌和背阔肌分布外，还有其他一些肌肉。这里介绍的拉筋操就是要使功能上和背阔肌类似的大圆肌等得到伸展，位于胸大肌深处的胸小肌等肌肉也得到伸展。

这种拉筋操的好处

只要这里的肌肉群能变得柔软，肩膀的活动范围就能扩大，让投球和游泳等需要用到肩膀力量的动作变得更顺畅。此外，肩膀的活动范围扩大，还有助于预防肩膀一带的运动伤害。

2
放松肩膀并伸直手臂

放松肩膀并低下头来，利用身体的重量，让肩膀向下沉。

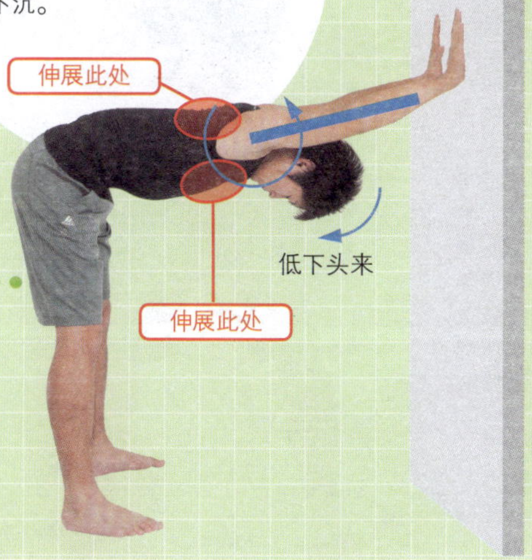

只想轻度伸展的人

无法站得离墙壁太远的人，不妨缩短与墙壁之间的距离，再来做这个动作。

Memo

要点

低下头来

低下头来才能让肩膀向下伸展。

错误动作

抬头

如果维持抬头的姿势不低头，就无法用力将肩膀向下伸展。

No. 10

基本拉筋操 10

颈部到肩膀的拉筋操

适合人群

改善项目

肩膀酸痛

1 单手贴在背后并压低肩膀

将单手手肘弯曲，然后绕到后面贴在背上，再将同侧的肩膀向下沉。

这种拉筋操的好处

由于颈部一带的肌肉负责支撑重量不算轻的头部，很容易累积疲劳，尤其是肩膀酸痛主要是由斜方肌上半部变得僵硬引起的。在所有体育活动当中，经常会撞到头部的橄榄球运动和摔跤类运动，以及经常用头顶球的足球运动等，都会大量使用到颈部一带的肌肉群。

能伸展哪里的肌肉？…… 斜方肌上半部与颈部一带的其他肌肉

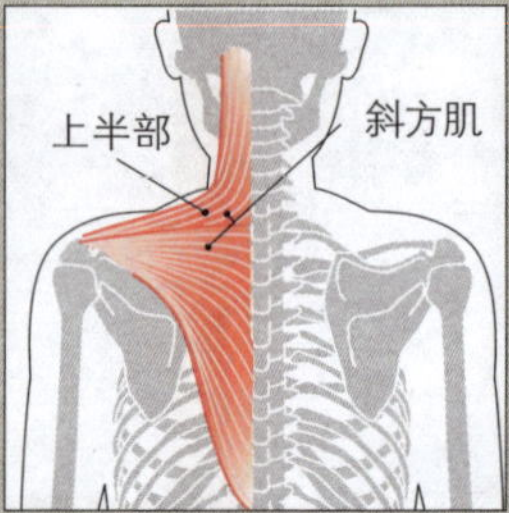

斜方肌是纵跨颈部到背部的一大片肌肉，主要负责控制抬高肩胛骨（肩胛骨上提）与收缩肩胛骨（肩胛骨内旋）的动作。这里所介绍的拉筋操可伸展斜方肌的上半部，以及颈部一带的肌肉。

2
将空出来的另一只手放在头上

在压低肩膀的情况下，将空出来的另一只手放在头上，然后将头部向该侧下压。

只想轻度伸展的人

不容易用手按压头部让颈部弯曲的人，可以不通过手的力量，直接弯曲头部。

Memo

要点

压低肩膀并定住不动

只有压低肩膀，才能完全伸展斜方肌。

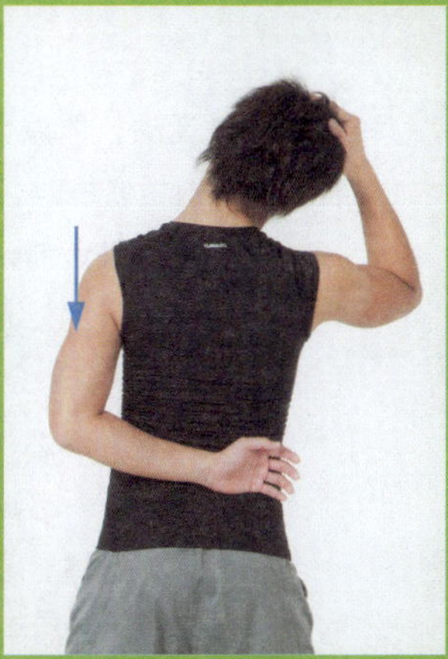

错误动作

肩膀跟着高耸起来

当头向旁边弯下时，如果肩膀也跟着高耸起来，就无法完全伸展斜方肌。所以务必压低肩膀并固定不动。

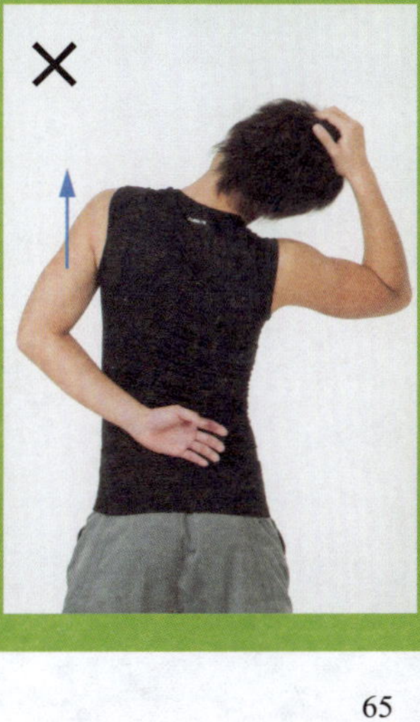

先热身才能做拉筋操

经过活动，体温会升高，此时肌肉更容易伸展，不经过活动则不易伸展。所以做拉筋操时，最好在身体保持温暖的情况下做，会有较好的效果。

在做拉筋操之前，只要先做第3章所介绍的准备操，提高体温，才能达到伸展肌肉的目的。此外，洗热水澡后身体也会很温暖，是做拉筋操的好时机。

相反，当身体冰冷时，因为肌肉不容易伸展，即使做拉筋操也很难达到良好的效果。一定要先彻底热身，再做拉筋操。

在冬天，身体容易变得冰凉，不妨稍做慢跑，或先做第6章里的活力拉筋操，等体温上升后再做拉筋操。

第5章

利用追加的13种拉筋操来加强效果

追加拉筋操

能更进一步舒展身体的

一旦习惯10种基本拉筋操后

除了第4章介绍的基本拉筋操外，本章将介绍更进一步的“追加拉筋操”。一旦习惯了第4章的10种拉筋操，彻底伸展肌肉后，就可以尝试其他更多、更进一步的伸展动作。

尤其是从事体育竞赛项目，需要以高柔软度取胜的人，最好多做本章所介绍的“追加拉筋操”，以便更上一层楼。另外，身体某个部位特别容易疲劳的人，同样可利用本章所介绍的拉筋操来伸展肌肉。

棒球投手

Case 1 担任棒球赛中的投手，或者想从肩关节开始内外旋转手臂，以提高手臂肌肉柔软度的人。

⑩种基本拉筋操

＋

追加项目⑧[肩膀深处（后面），第82页]

＋

追加项目⑨[肩膀深处（前面），第84页]

Case 2 工作时得站着，小腿和足底容易累积疲劳的人。

⑩种基本拉筋操

＋

追加项目④
（小腿下侧，第76页）

＋

追加项目⑤
（小腿前侧，第78页）

＋

追加项目⑥
（足底，第79页）

No. 01

追加项目 1 臀部深处拉筋操

适合人群

改善项目

腰痛

1

采取坐姿并下压单侧膝盖

采取坐姿，90° 弯曲单侧膝盖，让膝盖往内侧下压。

能伸展哪里的肌肉？……**髋关节外旋肌群（梨状肌等）**

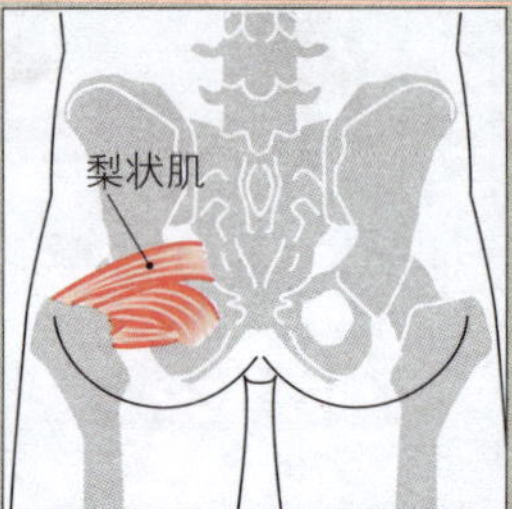

这是位于臀部深处的肌群。它们具有稳定髋关节（属于球窝关节）、预防脱臼的作用，同时负责控制双侧下肢从髋关节处向外扭转的（髋关节外旋）动作，所以只要将一侧下肢向内侧旋转，就能伸展这一侧的这些肌肉。

这种拉筋操的好处

因为会动用髋关节的运动，都需要髋关节处的肌肉发挥作用，以维持髋关节的稳定，所以这些肌肉很容易累积疲劳。尤其是梨状肌，一旦变得僵硬，很容易引发腰痛，并因此压迫到坐骨神经，导致坐骨神经痛（梨状肌综合征），所以务必经常伸展此处的肌肉。

2 利用对侧的脚踝将膝盖往下压

利用对侧的脚踝，将弯曲的膝盖向下压。同时坐直上半身，并将身体重量放在臀部伸展的这一侧。

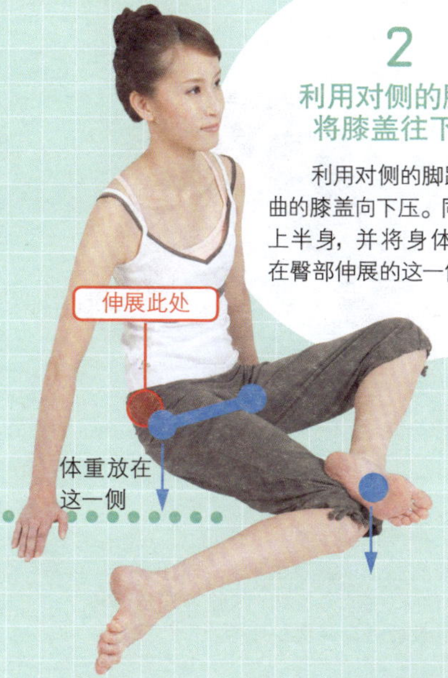

只想轻度伸展的人

不容易用对侧的脚踝将膝盖向下压的人，也可以只完成内旋一侧下肢的动作就好。

Memo

要点①

膝盖需呈90°

弯曲膝盖，彻底利用杠杆原理。

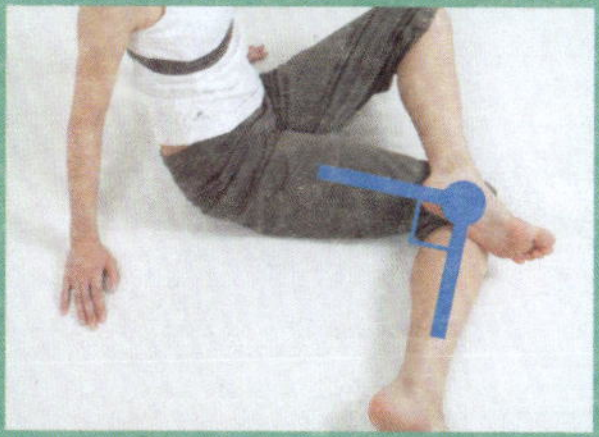

要点②

坐直上半身，体重放在臀部伸展的这一侧

只要将身体重量放在臀部伸展的这一侧，就能大大伸展髋关节外旋肌群。此时应挺直上半身，以协助支撑承受身体重量的臀部。

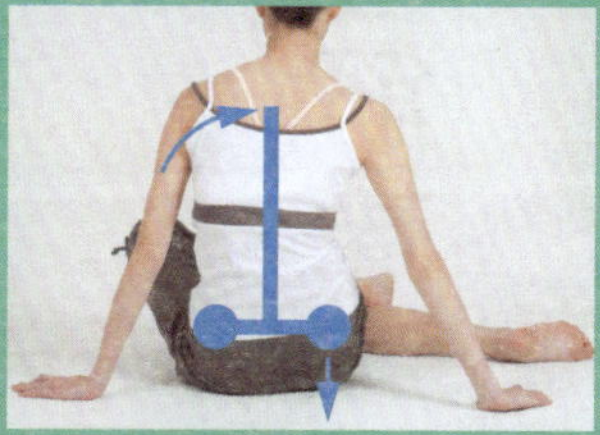

错误动作

上半身歪斜且臀部上扬

臀部一旦浮起就无法完全伸展肌肉。通常在旋转一侧下肢时，上半身很容易跟着倾斜向对侧，连带影响臀部也跟着上扬，所以一定要挺直上半身。

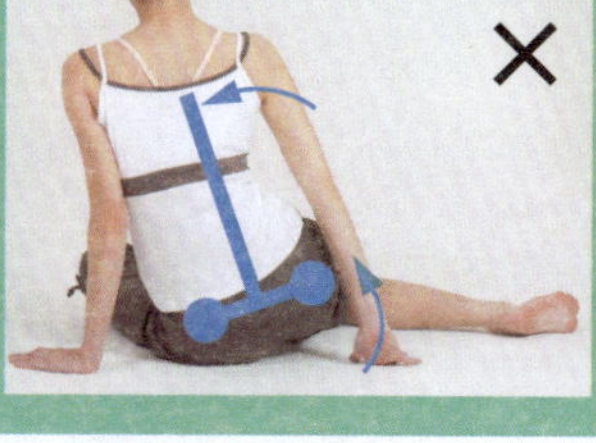

No. 02

适合人群

追加项目 2 大腿内侧拉筋操

改善项目

下肢疲劳

1

张开双脚站立

双手叉在腰部稍低的地方，张开双脚站立。

这种拉筋操的好处

跳舞和摔跤类运动中，将脚抬高来踢腿的动作，需要柔软的大腿内侧肌肉的辅助。此外，游泳、跑步、投球、踢腿等许多运动，也都会用到大腿内侧肌群，导致此处容易累积疲劳。

能伸展哪里的肌肉？……大腿内侧肌群（包括长、短、大收肌等）

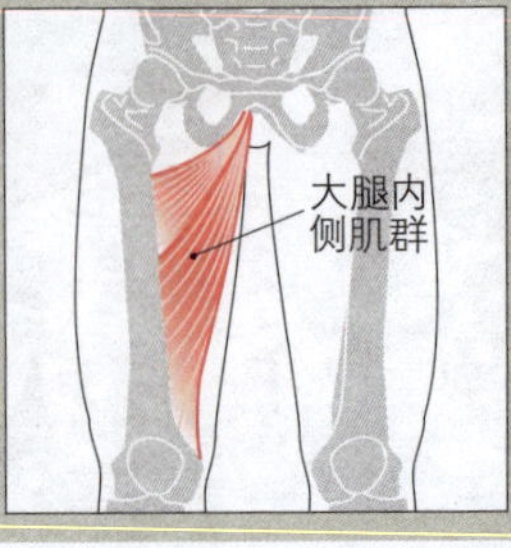

这是位于大腿内侧的肌肉群，主要负责控制下肢向内侧紧缩（髋关节内转）。走路或跑步等动用双侧下肢时，或是做投球之类的动作时，这些肌肉可以帮助踏在前方的下肢将骨盆向前拉，以提高动作的速度。

2
用手按压腰部，上半身向一侧倾斜

用手将腰部向下压，同时让髋关节以上的上半身向旁边倾斜。

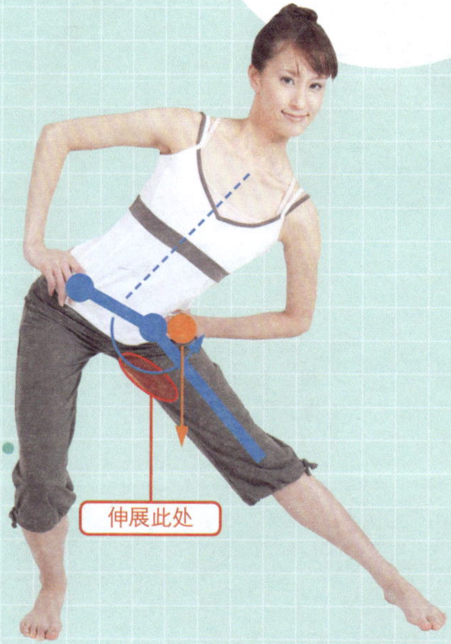

只想轻度伸展的人

不容易用手将腰部向下按压的人，就借助身体重量，自然地让上半身向一侧倾斜即可。

Memo

要点❶

从髋关节处开始弯曲

维持挺直的背脊，将髋关节以上的上半身向一侧倾斜。

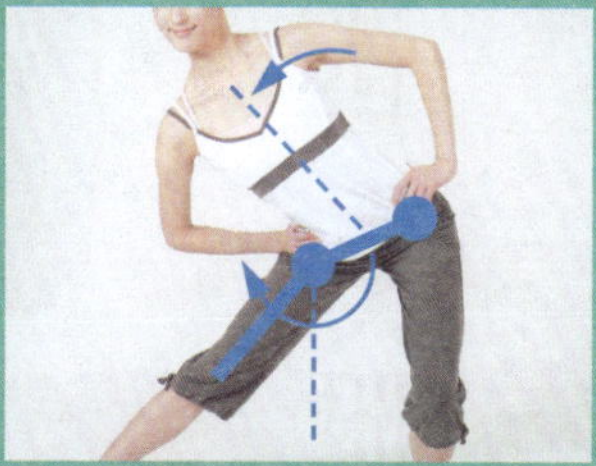

要点❷

用手将腰部向下压

用手将腰部向下按压，有助于进一步伸展大腿内侧肌群。

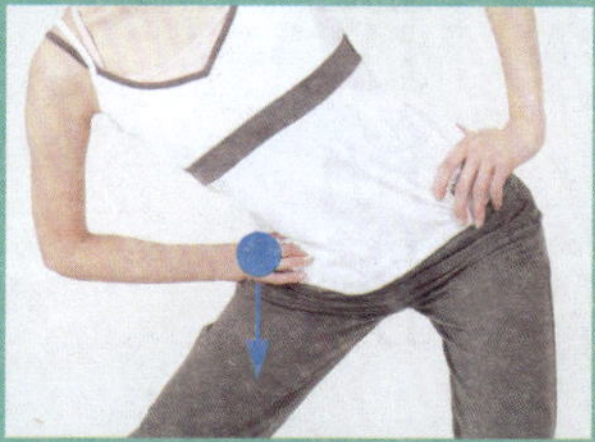

错误动作

上半身驼背

如果在驼背的情形下向一侧倾斜，无法伸展大腿内侧肌群。

No. 03

追加项目 3

大腿前侧拉筋操

适合人群

改善项目

下肢疲劳

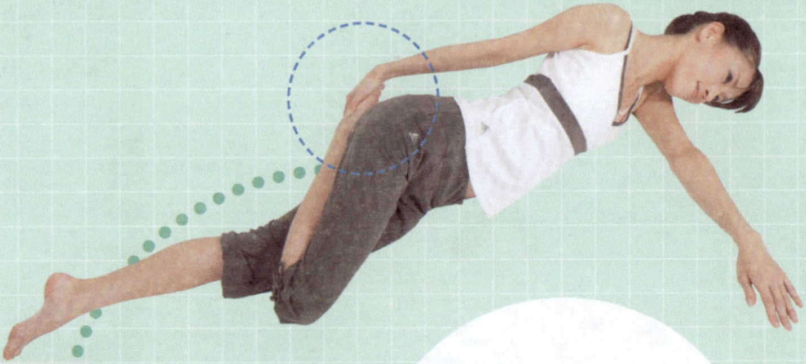

1

侧躺并握住脚踝前端

侧躺在地板上，一手握住脚踝前端，另一手的手臂向前伸直，以支撑身体。

能伸展哪里的肌肉？……股四头肌

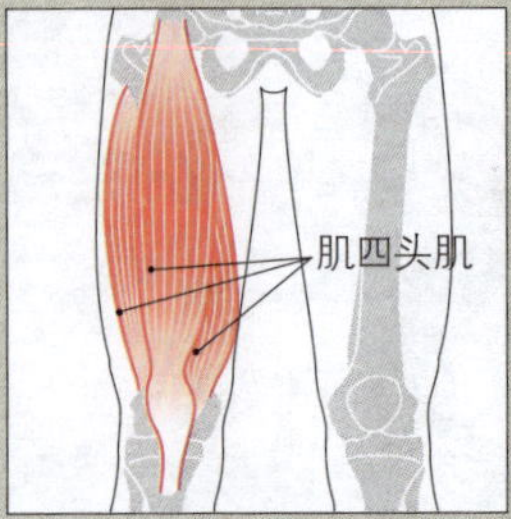

位于大腿前侧的股四头肌是全身最大的肌肉，主要负责控制伸直膝盖（膝关节伸展）。从椅子上站起来或走路及其他日常生活中常做的许多动作都会用到这块肌肉。

这种拉筋操的好处

从事体育活动时，如果经常出现冲刺或跳跃的动作，股四头肌就很容易累积疲劳。所以常常做这些动作的运动员，务必经常伸展此处。此外，日常生活中如站立起身以及上下楼梯等，也很容易让股四头肌累积疲劳。

2 将脚踝向后拉，伸展整只脚

将脚踝向后拉以伸展整只脚。由于股四头肌有一部分（股直肌）不只控制膝盖的动作，也影响髋关节的活动，属于双关节肌，所以一定要从髋关节处开始，将整只脚向后拉。

只想轻度伸展的人

不容易用手拉到脚踝的人，可以坐下来做这个动作。

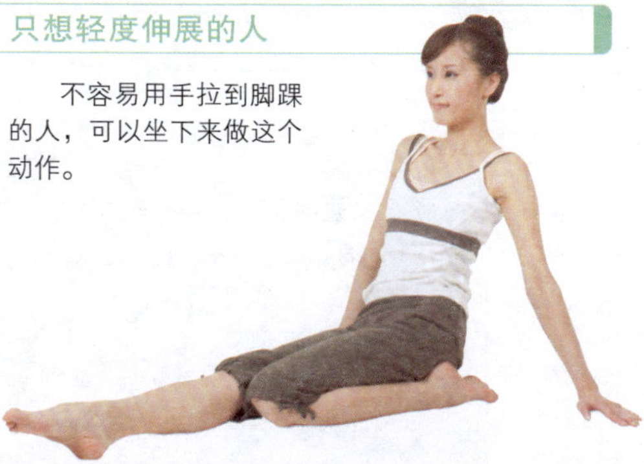

Memo

要点

彻底利用杠杆原理

用手抓住脚背，才能借助杠杆原理省力，从髋关节处彻底伸展股四头肌。

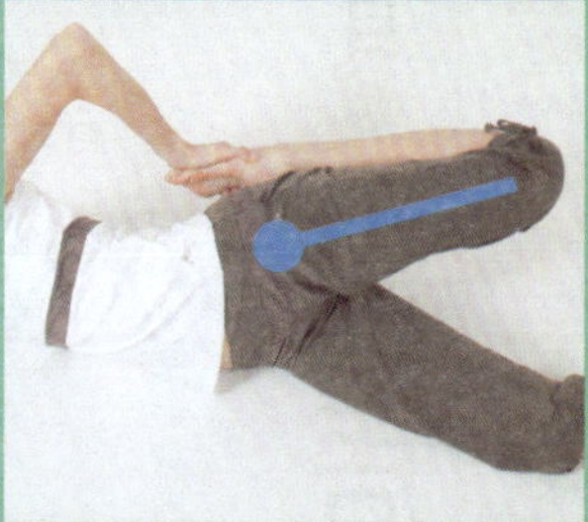

错误动作

拉住脚踝

拉住脚踝来做向后拉这个动作的话，很难借助杠杆原理省力，无法有效伸展股四头肌。

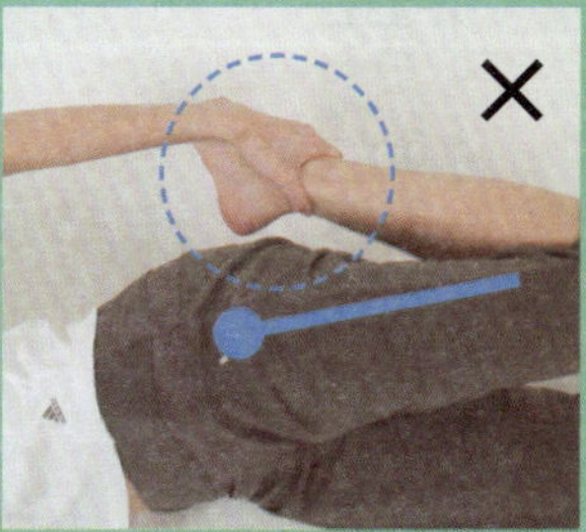

No. 04

适合人群

改善项目

下肢疲劳

追加项目 4 小腿后下侧拉筋操

1 采取蹲姿并立起单侧膝盖

立起单侧膝盖蹲着，将双手叠放在立起的膝盖上。

能伸展哪里的肌肉？……比目鱼肌

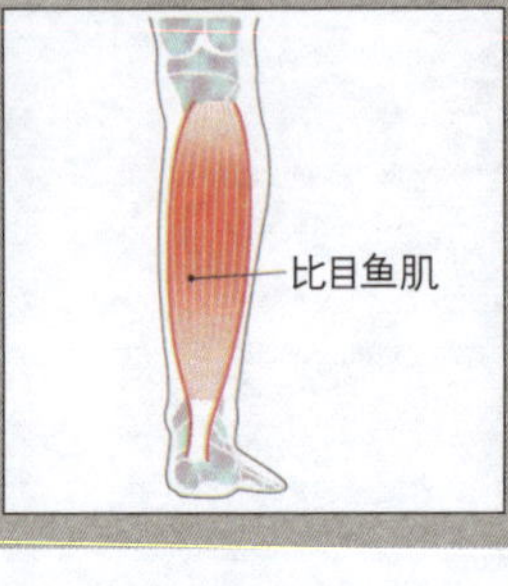

这是位于小腿后面下半部，以及腓肠肌深处的肌肉，具有伸展脚踝的作用（足跖屈），主要用来支持站立、步行等动作。

这种拉筋操的好处

这个部位负责维持站姿与支撑步行等日常生活中经常会出现的动作。若长时间进行跑步训练，很容易让此处的肌肉累积疲劳，所以在场上需要持续奔跑的田径运动员、足球运动员、篮球运动员，或是喜爱慢跑的人等，都应该在运动前后彻底伸展此处的肌肉。

2

将身体重量放在膝盖上

将身体重量压在叠放于膝盖的双手上，并弯曲脚踝，以有效伸展比目鱼肌。

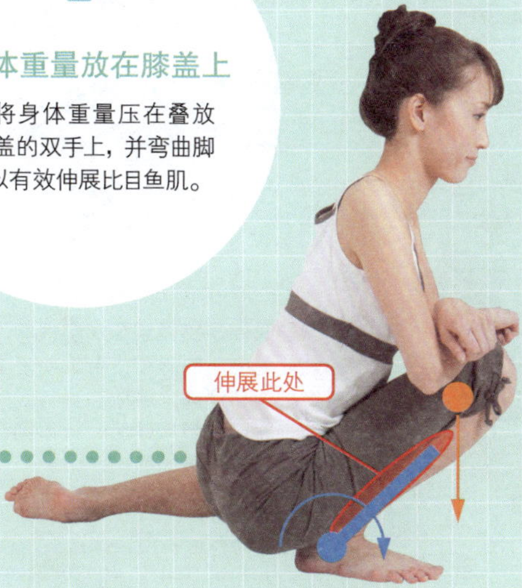

只想轻度伸展的人

不容易将身体重量全放在单只膝盖上的人，可以双腿同时进行，以分散膝盖的负荷。

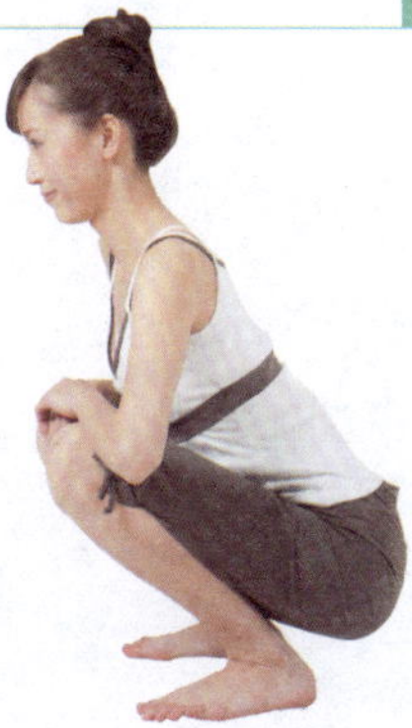

Memo

要点❶

体重放在伸展侧的脚上

将体重放在弯曲这条腿的膝盖上，而非放在向一侧伸出的那条腿上。

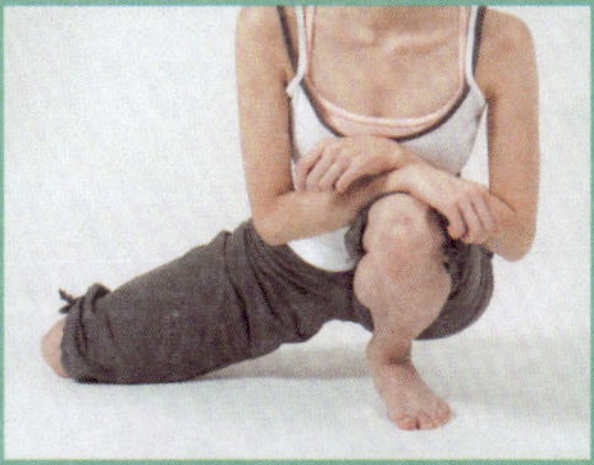

要点❷

彻底利用杠杆原理

双手放在离脚踝有些距离的膝盖处，就能使力矩最大化，从而有效地伸展比目鱼肌。

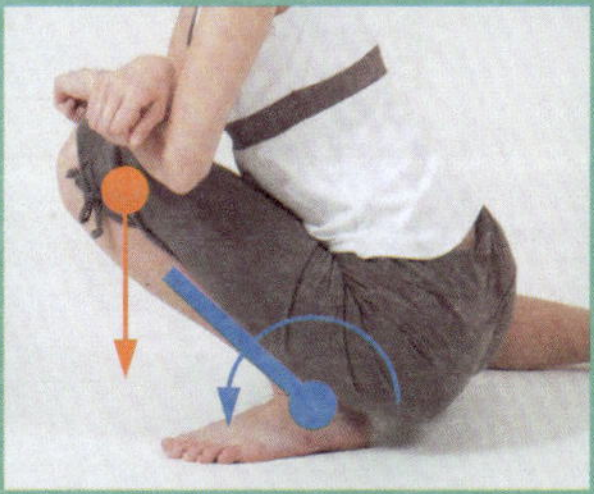

错误动作

手摆放的位置过低

手摆放的位置过低，很难有效地伸展比目鱼肌。

No. 05

适合人群

追加项目 5 小腿前侧拉筋操

改善项目

下肢疲劳

采取站姿，将体重放在脚趾上并弯曲脚踝与脚趾

采取站姿，脚趾贴在地板上，然后将身体重量放在脚趾上，同时弯曲脚踝与脚趾。

这种拉筋操的好处

长时间走路或跑步等都很容易让此处的肌肉累积疲劳，引发肌肉酸痛和僵硬，所以在进行长时间走路或跑步运动后，记得彻底伸展小腿前侧的肌肉。

能伸展哪里的肌肉？……胫骨前肌，拇、趾长伸肌等

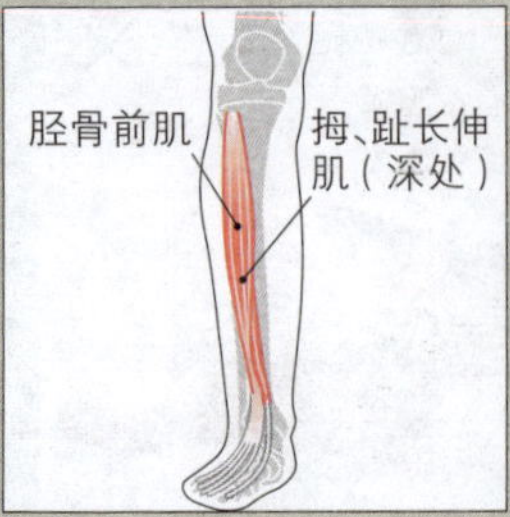

这是位于小腿前面下半部，以及腓肠肌深处的肌肉，具有伸展脚踝的作用（踝关节屈曲），主要用来支持站立、步行等动作。

只想轻度伸展的人

不容易将体重放在脚趾上的人，不必勉强自己，只要模仿这个动作即可。

No. 06

适合人群

追加项目⑥ 足底拉筋操

弯曲脚踝与脚趾

采取坐姿并盘腿，用手抵住脚跟并抓住脚趾，然后弯曲脚踝和脚趾。由于足底的肌群中，从脚趾到脚踝的部分属于双关节肌，所以必须真正地从这两处的关节开始伸展肌肉。

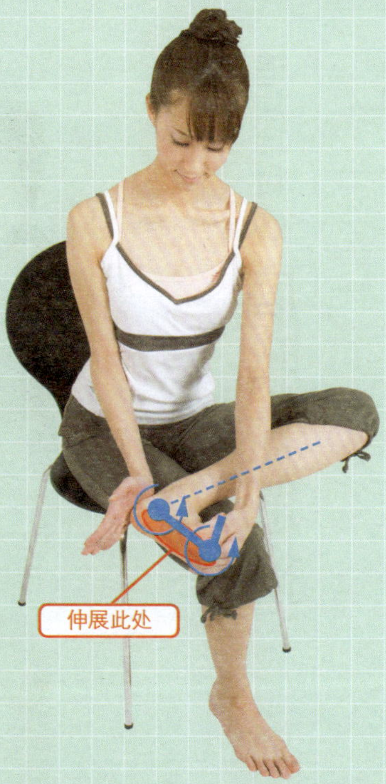

这种拉筋操的好处

由于日常的站立、步行等动作，都经常使用此处的肌肉，所以从事需要长时间站立或步行工作的人在下班之后，务必好好伸展此处。若在泡完澡后，能伴随按摩来做这个拉筋动作，就能更好地消除疲劳。

改善项目

下肢疲劳

能伸展哪里的肌肉？……足底肌群

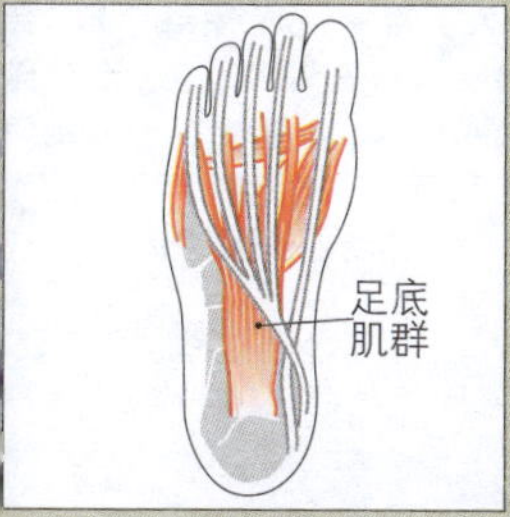

足底有许多纤细的肌肉，具有形成足弓、弯曲脚趾的作用。站立、步行等动作，都会使用此处的肌肉群。

Memo

分动作

伸直脚踝来做这个动作

伸直脚踝，设法缓解双关节肌中的一部分肌肉，有助于伸展脚趾附近的肌群。

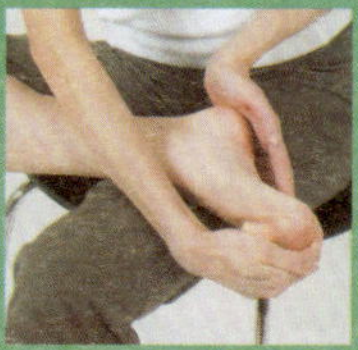

No.
07

适合人群

追加项目 7 肩膀拉筋操

①肩膀前侧（三角肌前部）拉筋操

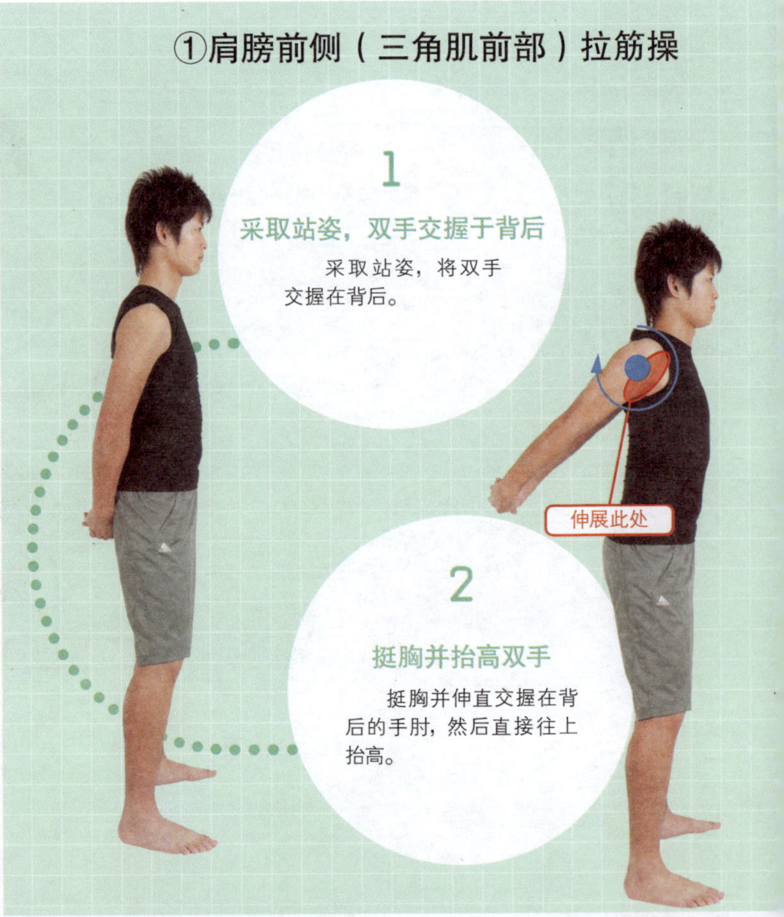

1 采取站姿，双手交握于背后

采取站姿，将双手交握在背后。

2 挺胸并抬高双手

挺胸并伸直交握在背后的手肘，然后直接往上抬高。

能伸展哪里的肌肉？ …………………… **三角肌**

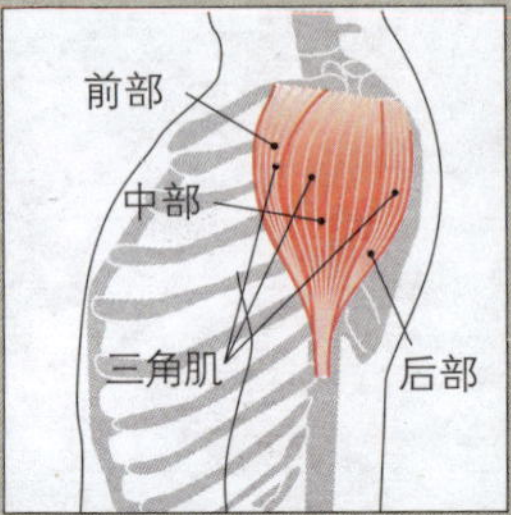

这是位于两侧肩膀的肌肉，分为前部、中部和后部。前部和胸大肌同时负责将手臂向前推的动作，后部和背阔肌同时负责将手臂向后拉的动作，中部则负责将手臂从旁举起（肩关节外展）的动作。

这种拉筋操的好处

排球的扣球动作、网球的发球动作等，都需要让手臂向前挥动，为了避免过度挥动手臂，会经常使用到三角肌后部。而短跑挥动手臂时，主要使用到三角肌前部和后部。因此在做这类动作前后，最好彻底伸展三角肌。

②肩膀后侧（三角肌后部）拉筋操

1

**伸直一侧手臂
并用另一侧的肘部支撑**

采取站姿，伸直一侧手臂，并用另一侧的肘弯部来支撑。

2

以肩膀为支点伸展肘部

以肩膀为支点，但不可移动，然后用另一只手的力量将伸直的手臂手肘向前扳。

Memo

注意 肩膀前侧

驼背

如果背部随着抬高手臂的动作而弯曲，就无法完全伸展三角肌。

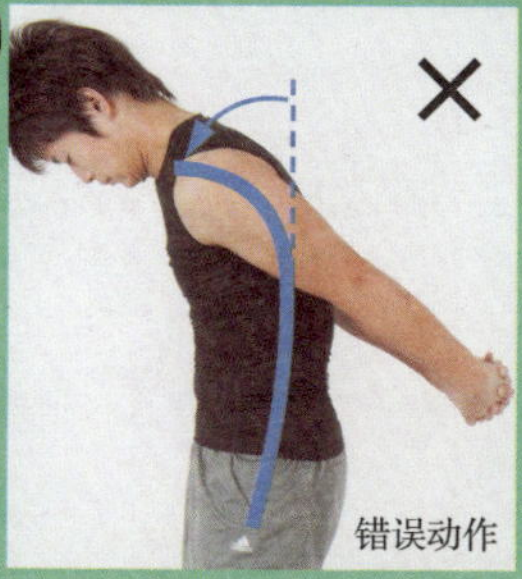

注意 肩膀后侧

跟着手臂一起动

作为支点的肩膀，如果跟着手臂一起向前移动，就无法完全伸展三角肌。

No. 08

适合人群

追加项目 8 肩膀深处（后面）拉筋操

1 一侧手臂放在腰部后面

一侧手臂放在腰部后面，并将手腕贴在身体上，但手臂不可放在身体上。

能伸展哪里的肌肉？……… **肌腱袖后面观（冈上肌、冈下肌、小圆肌）**

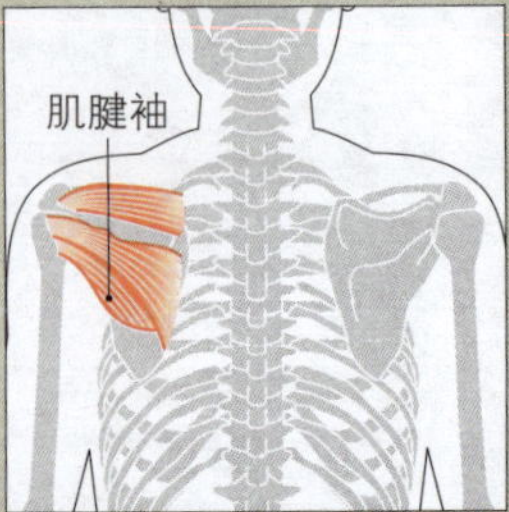

这些是位于肩胛骨后方的深层肌，主要负责控制从肩关节处将手臂向外侧旋转（肩关节外旋）的动作，以及帮助稳定球窝关节的肩关节，以防肱骨头脱离关节盂。

2

将手肘向前拉

利用空出来的一只手，将手肘向身体前方拉，好让手臂从肩关节处开始向内侧旋转。

这种拉筋操的好处

转动手臂的动作，如篮球的投球以及排球的扣球、网球的发球动作等，为了维持肩关节稳定，都会动用肩膀后面的肌肉。因此，进行此类运动时，经常会伤到肌腱袖，导致肩膀受伤，所以务必彻底伸展此处的肌肉，维持其柔软度。

只想轻度伸展的人

不容易利用空出来的一只手，将手肘向身体前方拉动的人，不必勉强，只要用单手来做此动作即可。

Memo

要点

将手腕放在身体上

将手腕放在身体上，而不是将前臂放在身体上，才能更好地伸展。

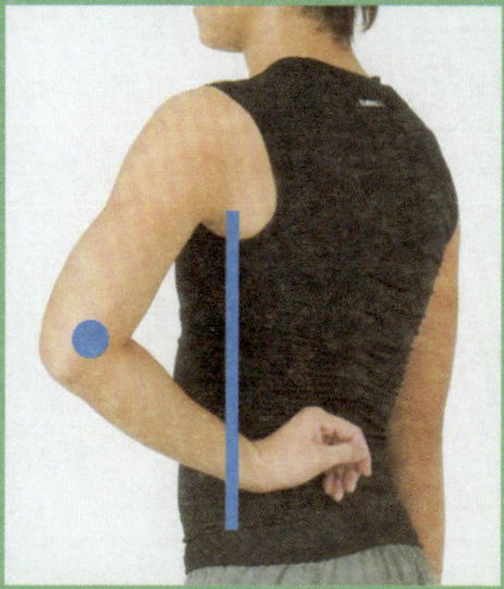

错误动作

手肘太靠近身体

如果将前臂放在身体上，手肘会太靠近身体，如此一来将会事倍功半，也无法完全伸展此处的肌肉。

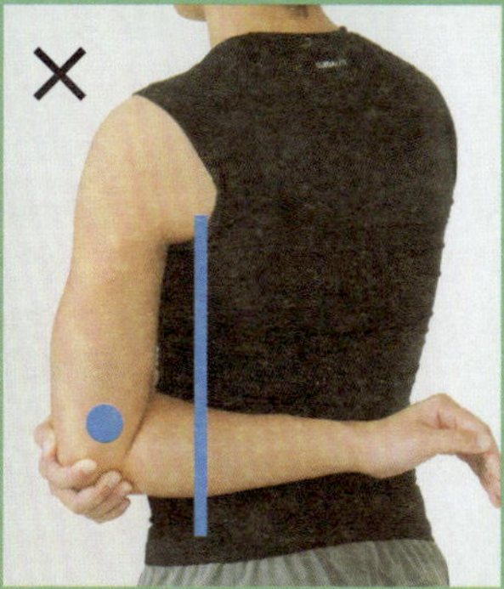

No.
09

适合人群

追加项目 9 肩膀深处（前面）拉筋操

1 将手掌贴在墙壁上

站在离墙壁约1米处，然后将手掌贴在与肩膀齐高的墙壁上。

能伸展哪里的肌肉？……… **肌腱袖前面观（肩胛下肌）**

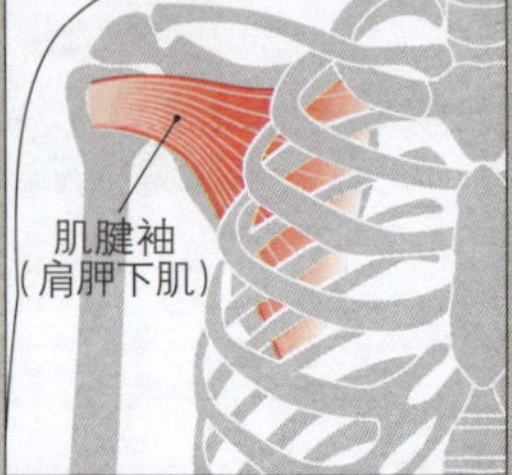

这是位于肩胛骨前面的深层肌，与位于肩胛骨后面的肌肉一样，都能帮助稳定作为球窝关节的肩关节。此处具有帮助手臂从肩关节处向内侧旋转等的作用，所以为了锻炼此肌肉，应该做将手臂向外侧旋转的拉筋操。

这种拉筋操的好处

进行需要大幅挥动手臂的投球等动作（如篮球的投球动作等）时，为了维持肩关节的平稳，会经常使用此处的肌肉，可造成此处的肌肉疲劳。只要维持此处肌肉柔软，在做投球等动作时，就能增加手臂向外侧旋转的可动区域范围，进而顺畅地挥动手臂。

2

将身体重量压在手臂上，手臂往外旋转

头低下，以利将身体重量放在手臂上，然后固定手肘不动，直接将手臂往外侧旋转。

只想轻度伸展的人

没办法站在离墙壁1米处并将身体重量压在手臂上的人，可以靠近墙壁做此动作。

Memo

要点

固定手肘不动只旋转手臂

为完全伸展负责旋转手臂的肩胛下肌，一定要固定手肘不动，身体也不能离墙面太远，并且低头。

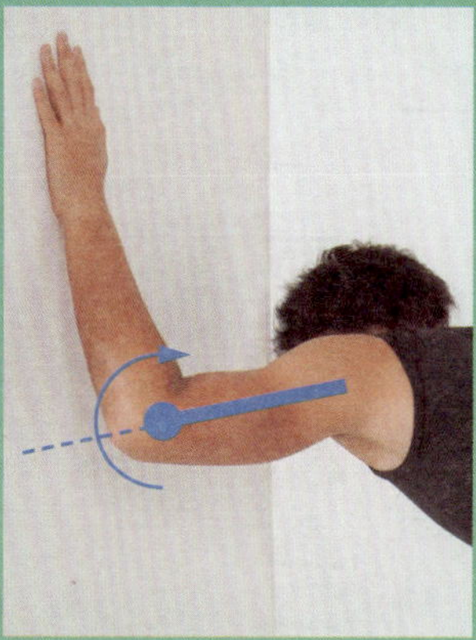

错误动作

身体张开

如果在低头时，身体跟着张开，就会变成在伸展胸大肌，而无法完全伸展肩胛下肌。

No. 10

适合人群

追加项目⑩ 上臂前侧拉筋操

1 手臂向外旋转，让肱二头肌朝上

抬起手臂至与肩膀平齐并伸直，然后将手臂从肩关节处向外旋转，让肱二头肌朝上。

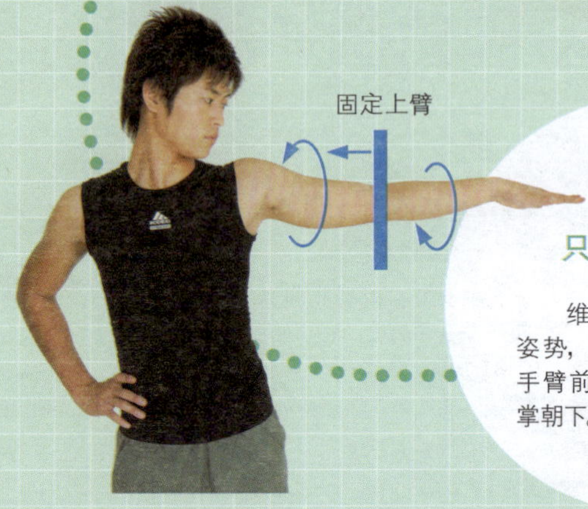

2 只将手掌朝下

维持肱二头肌朝上的姿势，从手肘处开始，将手臂前方向内旋转，让手掌朝下。

能伸展哪里的肌肉？……………… **肱二头肌**

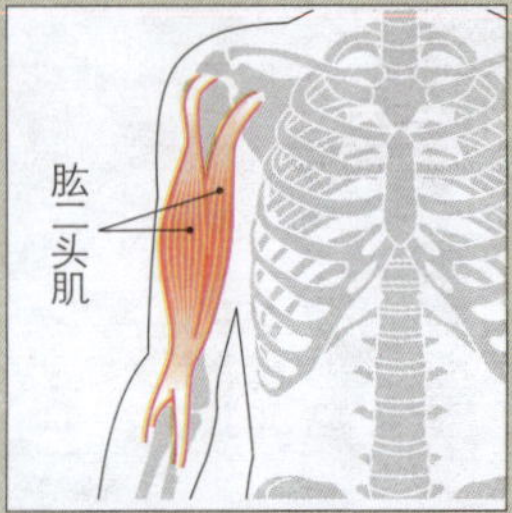

这是位于上臂前面起端有两个头的肌肉，主要负责控制弯曲手肘（肘关节屈曲），同时也具有将手肘前方的手臂向外旋转，以及将手臂从肩膀处向前挥动的作用。因此，最好配合解剖学上的特征，来完全伸展此处的肌肉。

这种拉筋操的好处

手持物品、搬运物品、将包包挂在手肘上等，这些日常生活里常见的动作，都在使用肱二头肌，导致此处容易累积疲劳。划船和柔道等运动项目，必须不断弯曲与伸展手肘，短跑也经常要将手臂向前挥动，这些动作都容易造成此处肌肉累积疲劳。

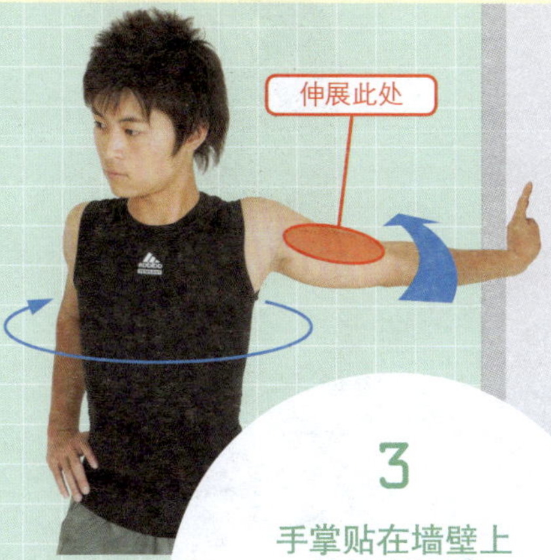

3
手掌贴在墙壁上并拉直手臂

将手掌贴在墙壁上，并维持伸直手肘的姿势，扭转上半身，将手臂拉直。此时仍应继续让肱二头肌朝上。

只想轻度伸展的人

无法将手掌贴在墙壁上再拉直手臂的人，可以不利用墙壁，直接做这个动作。

Memo

要点

肱二头肌朝上但手掌朝下

肱二头肌具有将手肘前方的手臂向外旋转的作用，因此只要将手肘前方的手臂向内侧旋转，就更容易伸展此处的肌肉。

错误动作

手掌朝上或朝前

如下图所示，将手掌朝下或朝前时，手肘前方的手臂不能向内旋转，如此自然无法彻底伸展肱二头肌。

No. 11

适合人群

追加项目 11

上臂后侧拉筋操

1 将手肘从头部上方向下深深弯曲

将一侧手臂放在头部上方，再借助另一手的力量，将手肘向下弯曲。

能伸展哪里的肌肉？……肱三头肌

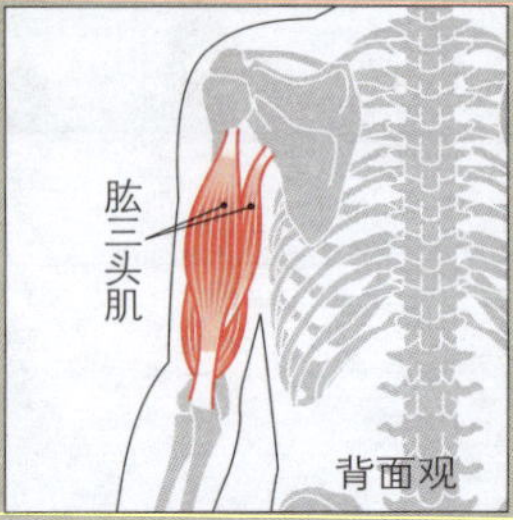

这是位于肱二头肌后面的肌肉，主要负责控制伸直手肘（肘关节伸展）的动作。因为肱三头肌有一部分（肱三头肌长头）是能对肩关节发挥作用的双关节肌，所以必须弯曲手肘，让手臂在头部上方伸展。

这种拉筋操的好处

虽然日常生活中不太用得到此处的肌肉，但进行网球、羽毛球、棒球等运动时，由于必须经常挥动手臂而会大量使用到。另外，因为此处具有伸展手肘的作用，做出挥拳等动作时，也会使用此处的肌肉，很容易因此而累积疲劳。

2 将手肘贴在墙壁上后再拉动

将手肘贴在墙壁上，从头部后方拉动手肘。待手肘呈完全弯曲状时，再维持此姿势不动。

只想轻度伸展的人

不必利用墙壁，只用另一只手的力量来拉动手肘，但此时手肘同样需维持深度的弯曲状。

Memo

要点

利用空出来的另一只手弯曲手肘

利用空出来的另一只手，帮助手肘完全弯曲。

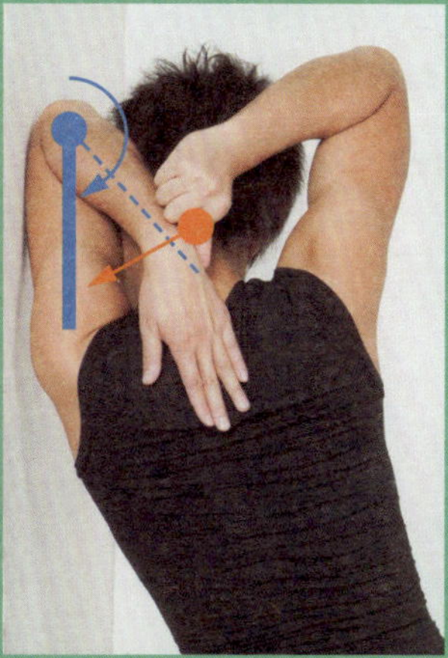

错误动作

手肘没有弯曲完全

手肘没有弯曲完全，就无法完全伸展肱三头肌。过度专注于将手肘贴在墙壁上时，往往会忘了将手肘深深弯曲，一定要注意。

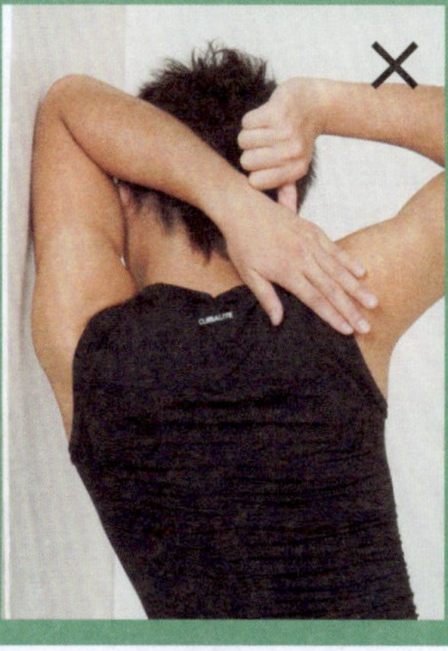

No. 12

适合人群

追加项目 12

前臂拉筋操

① 前臂屈指肌群（前臂前面）

手指反向朝着身体

将手贴在桌子或地板上，以手腕为支点，反向将手指朝向身体，然后把身体重量放在手腕上。

能伸展哪里的肌肉？……屈指肌群、伸指肌群

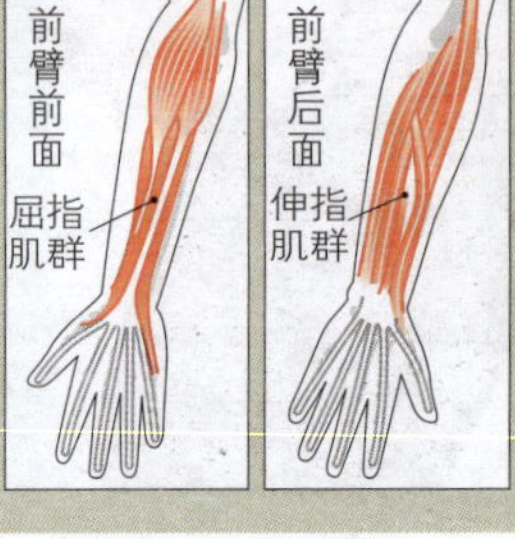

前臂是指从手肘到手腕的部分，这里存在许多小小的肌肉群。一般来说，前臂前面（腹侧）的肌肉具有弯曲手腕和手指（手腕掌屈、手指屈曲）的作用；前臂后面（背侧）的肌肉则具有反向弯曲手腕和手指（手腕背屈、手指伸展）的作用。

这种拉筋操的好处

敲击电脑键盘和写作业等桌上动作以及搬运行李等体力劳动，都很容易让此处肌肉累积疲劳。务必在工作、学习之余找机会按摩一下，同时做做拉筋操，以减轻前臂的疲劳。运动项目中，诸如投球、挥动球拍，摔跤类运动的抓技、握等动作，都会使用到前臂。

② 前臂伸指肌群（前臂后面）

弯曲手腕

利用另一只手的力量，以手腕为支点，将手指向下拉。

● Memo

变化动作

前臂屈指肌群（前臂前面）

手腕反向弯曲法

弯曲手指后，再反向弯曲手腕的方法。主要用于伸展前臂肌群中延伸到手指处（多关节部位）的在腕管里的肌肉、肌腱等。

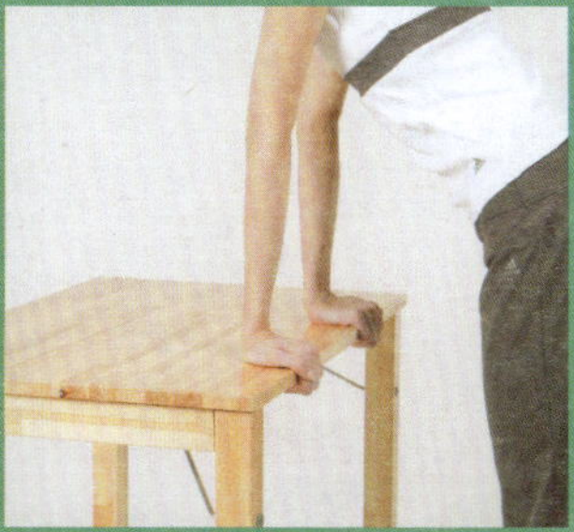

No.

13

适合人群

追加项目 13

颈部拉筋操

改善项目

肩膀酸痛

姿势不对

① 颈部后面

弯曲颈部并将头低下

伸直背脊，借助杠杆延长动力臂可以省力的原理，将双手放在头上，然后把头向下压低。

这种拉筋操的好处

同第64页所介绍的斜方肌拉筋操。因为颈部及以上部位的肌肉，日常都被用来支撑头部，属于容易累积疲劳的部位，所以只要此处变得僵硬，就会引发肩膀酸痛。此外，在运动项目中，以经常会激烈碰撞头部的橄榄球和摔跤类运动为首，凡需要用到头部的运动，都可能过度使用颈部一带的肌肉而累积疲劳。此时都可以做做此项拉筋操，以得到缓解。

能伸展哪里的肌肉？……颈部肌群

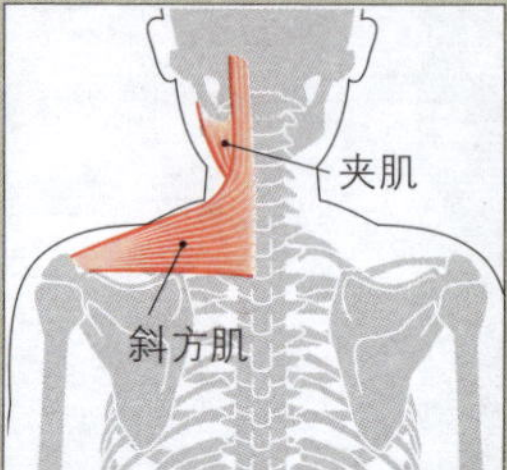

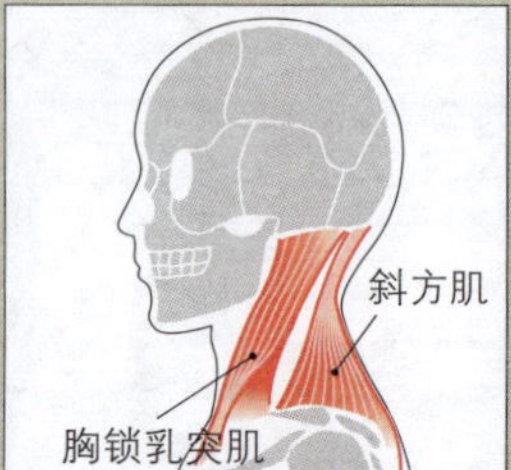

颈部有许多肌肉，包含从后面支撑头部的夹肌（位置较深），以及从侧面一直延伸到前面的胸锁乳突肌等，各自具有帮助颈部向前后左右各个方向弯曲的作用。

② 颈部侧面

将头部向侧边弯曲

维持伸直脊背的姿势不动，借助手的力量，让头颈部向一侧弯曲。

③ 颈部前面

将头部向后仰

同样维持伸直脊背的姿势不动，然后用双手推下颌，让整个头部向后仰。

● Memo

注意 颈部前面

身体往后仰

身体随着颈部后仰，无法完全伸展颈部前面的肌肉。

注意 颈部侧面

身体往旁边弯曲

身体随着颈部向侧边倒下，无法完全伸展颈部侧面的肌肉。

注意 颈部后面

驼背

身体随着颈部弯曲，形成驼背的样子，无法完全伸展颈部后面的肌肉。

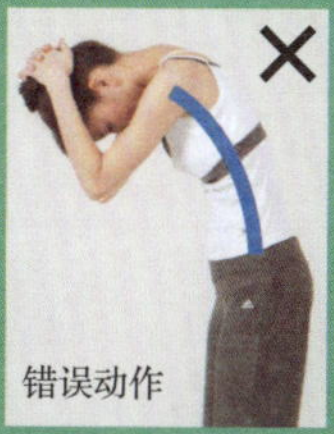

专栏 5

平常容易累积疲劳的脚部的保养

日常生活里，支持站立和行走等动作的足底和小腿上的肌肉，都是非常容易累积疲劳的部位。只要长时间站立，足底纤细的肌肉就会感到疲劳，而长距离行走后，小腿前侧的肌肉则会变得僵硬，甚至感到疼痛。

此外，工作时必须长时间穿着皮鞋或高跟鞋站立的朋友，或是需要不断走动的朋友，都很容易过度使用足底和小腿一带的肌肉，所以一定要切实有效地保养它们。

一旦觉得下肢肌肉变得疲劳，就要赶紧在睡前做做拉筋操或按摩，如此才能保持下肢的柔软。

第6章 活力拉筋操

什么是『活力拉筋操』

通常拉筋操指的是本书到目前为止所介绍的各种确实伸展肌肉的方法，属于“静态拉筋操”，但除此之外，还有一种“动态拉筋操”。

既然是动态拉筋操，当然就是很有活力地一边运动身体，一边有效地伸展肌肉，所以笔者又将其称为“活力拉筋操”。一般来说，运动员为了提高动作的柔软性，或是在正式开始运动之前，作为热身的一环，都会进行此类拉筋操。

既有助于改善运动时的动作，又能作为热身运动

要增加运动过程中的可动区域，除了必须保有柔软的肌肉外，“适时让肌肉放松下来”也是一大重点。所以运动选手在做静态拉筋操的同时，会搭配动态拉筋操（活力拉筋操），目的就是“要在运动过程中适时让肌肉放松下来”。

不仅如此，在天气特别寒冷的日子里，即使先做过热身，但如果随之即做静态拉筋操，身体又会很快变冷，变得僵硬，而在身体变冷的状态下所做的静态拉筋操，很难达到很好的效果（参照第66页）。唯有身体温暖时做活力拉筋操，才是在进行最适合的热身运动。

踢腿

尽量伸直膝盖踢腿，让手碰触脚尖，以伸展大腿内侧的股二头肌以及臀部的臀大肌。踢腿时，记得要从腿部根处的髋关节（请参照第34页）开始，用力地向上踢。

适合人群

基准次数

左右脚
各做5~10次

动作 1

左脚向上踢 让手碰触到脚尖

用力将左脚向上踢，并用右手碰触左脚脚尖。要伸直背脊，尽量避免驼背。

动作 2

右脚向上踢 让手碰触到脚尖

接下来换左手右脚做同样的动作。应配合节奏不断地反复踢脚，最好中间夹杂跳步或慢跑的动作。左右两侧轮流进行。

错误动作

驼背

一旦驼背，就无法真正伸展大腿内侧和臀部的肌肉。踢腿时，一定要保持背部挺直。

摆腿

放松地大幅度将腿向前后左右摆动，以伸展髋关节一带的肌肉。为保持身体平衡，不妨扶着墙壁或柱子，以免因失去平衡而跌倒。

适合人群

前后摆腿

动作 1

将腿向前抬起

维持膝盖伸直的姿势，从髋关节处将腿向前方摆，伸展大腿内侧的股二头肌以及臀部的臀大肌。

动作 2

将腿向后抬起

接着将腿向后方摆，伸展髋关节前侧（腹部深处）的腰大肌。做此拉筋操时，应配合节奏连续向前后方向摆动。

左右摆腿

动作 1

将腿向外侧摆

维持膝盖伸直的姿势，从髋关节处将腿向身体外侧（左下肢向左侧摆），伸展大腿内侧的内收长肌。

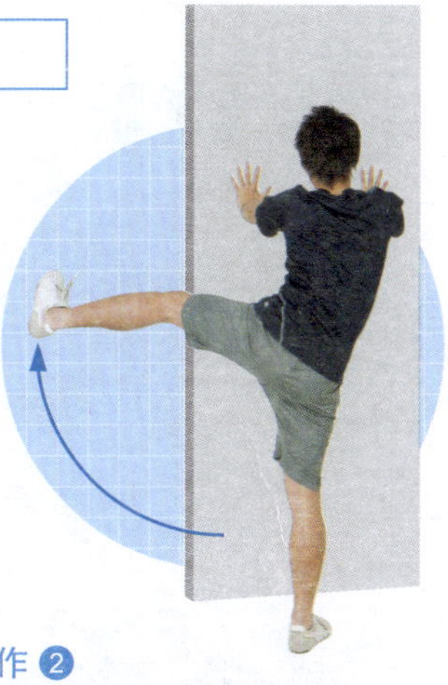

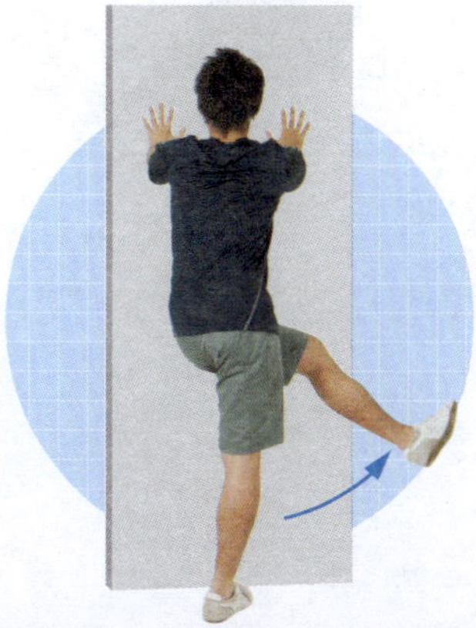

动作 2

将腿向内侧摆

接着将腿向身体内侧摆，伸展臀部外侧的肌肉。做此拉筋操时，应配合节奏连续向左右方向摆动。

基准次数

左右脚来回
各做5~10次

髋关节旋转

轻轻地将腿沿股骨长轴向外侧和内侧大幅度旋转，以伸展位于臀部深处的肌肉。为保持身体平衡，不妨将手扶在墙壁上进行，以免失去平衡而跌倒。

适合人群

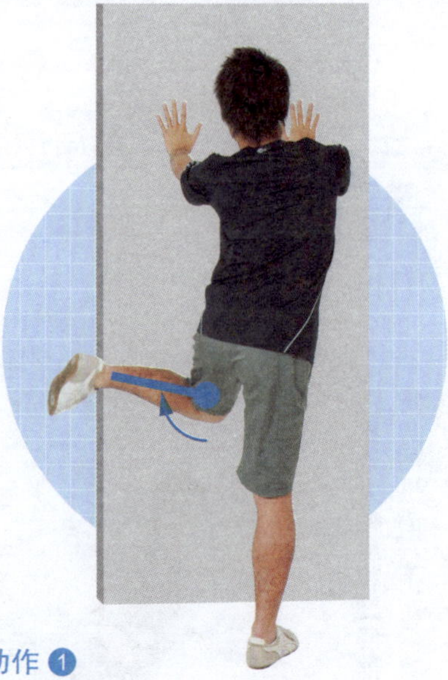

动作 ❶

将腿向外侧旋转

将腿向外侧旋转，让外踝朝上。应尽量保持膝盖不动，只旋转膝盖以下的部位，而不是连同膝盖一起向外侧旋转。

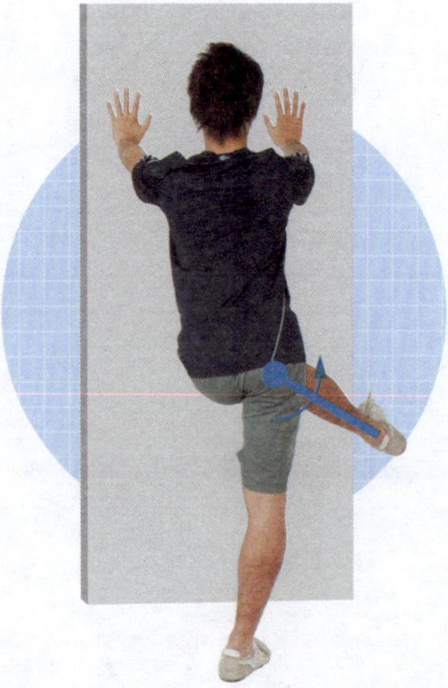

动作 ❷

将腿向内侧旋转

接着将腿向内侧旋转，让内踝朝上。做此拉筋操时，应配合节奏连续向内外两侧旋转。

基准次数

左右脚来回
各做5~10次

下半身活力拉筋操④

髋关节环转

轻轻地将腿从髋关节处开始大幅度转动，以伸展髋关节一带的肌肉，包含臀部的臀大肌和大腿内侧的收肌等。

适合人群

髋关节向内侧环转

动作 1

将腿歪向后方由下而上环转

将腿歪向后方由下而上地转动，记得从髋关节根处开始彻底旋转。

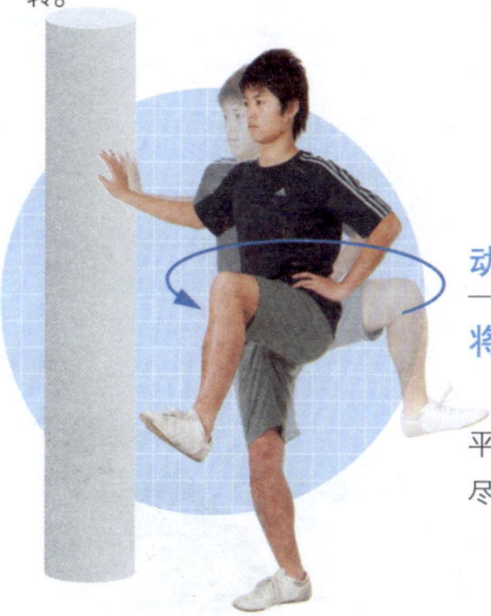

动作 2

将腿从外而内地转向前方

将靠后的腿抬高后从外侧水平向内侧转，做这一连串动作时，尽量固定骨盆不动。

动作 3

放下腿来

最后放下腿来，完成一连串的动作后，换腿再从头进行动作❶~❸

髋关节向外侧环转

动作 1~3

采取和向内侧环转时相反的动作。

基准次数

向内侧转动与向外侧转动，各做5~10次

要点

固定骨盆并从髋关节处开始环转

应设法固定骨盆的位置来做此拉筋操，因为一旦骨盆跟着下肢的动作移动位置，就无法切实从腿根部的髋关节处开始有效地伸展肌肉。

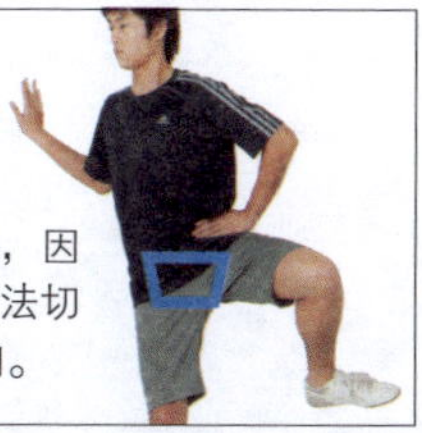

※在操场等没有墙壁或柱子的地方做此拉筋操时，不妨采取一边走路一边左右交互伸展的方式。

前后弯

借助手臂的摆动力量，轻轻地大幅度前弯与后弯身体，以伸展背部、腹部、大腿和臀部等处的肌肉。

适合人群

动作 1

前弯时大幅度弯曲背部

一边从上向下摆动双臂，一边大幅度将身体向前弯。此时应尽量让腿根部的髋关节及借助脊椎活动的躯干深深弯曲。

动作 2

大幅度地将背部向后弯

一边从下向上摆动双臂，一边抬起身体并大幅度向后弯。后弯时必须和前弯一样，大幅度弯曲髋关节和躯干。

要点

从髋关节与躯干开始大幅度弯曲

必须从腿根部的髋关节，以及利用脊椎活动的躯干开始，大幅度弯曲身体（请参照第33页与第34页）。

基准次数

前后各做
5~10次

躯干活力拉筋操②

侧弯

借助摆动手臂的力量，缓缓地向左右两侧大幅度侧弯身体，以伸展腹外侧区的腹内斜肌与腹外斜肌，以及位于背部的背阔肌。

适合人群

基准次数

左右各做
5~10次

动作 ①

将上半身大幅度向右侧弯曲

利用手臂摆动的力量，大幅度侧弯身体，就像要将脊椎大幅度向右侧弯曲似的。

动作 ②

将上半身大幅度向左侧弯曲

接着同样利用手臂的摆动力量，大幅度将上半身向相反方向弯曲。

旋转躯干

借助手臂摆动的力量，大幅度水平旋转躯干与肩膀，以伸展腹内斜肌与腹外斜肌。

适合人群

基准次数

左右各做
5~10次

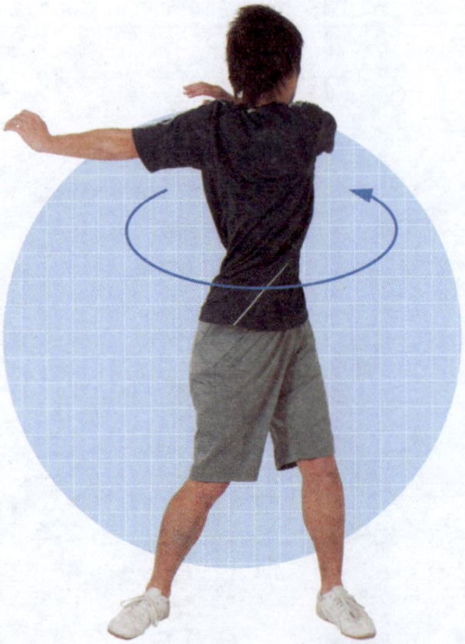

动作 1

上半身大幅度向左边旋转

借助手臂的摆动力量，大幅度逆时针旋转上半身。做此拉筋操时，要有意识地大幅度旋转肩膀（身体前方为12时，正后方为6时）。

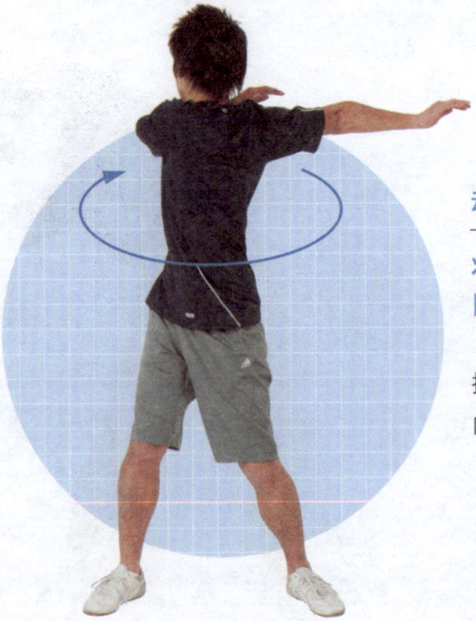

动作 2

将上半身大幅度向右侧旋转

接着同样借助手臂的摆动力量，大幅度将上半身向相反方向旋转。

上半身活力拉筋操①

摆手

左右交互，大幅度上下摆动双臂，以伸展肩膀和肩胛骨一带的肌群。

适合人群

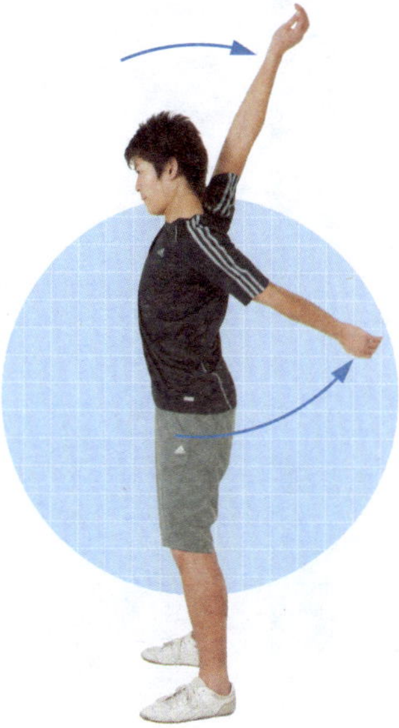

动作 1

将双手大幅度向后方摆动

轻轻地将双手以上下交互的方式，大幅度向后方摆动。

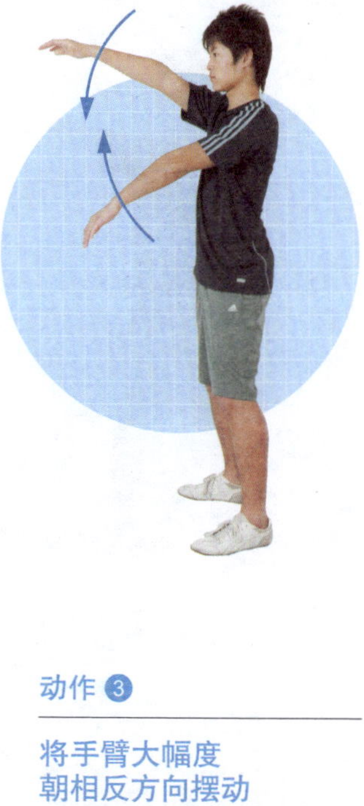

动作 2

双手朝相反方向用力摆动

摆动双手时，双手要朝相反方向用力摆。

动作 3

将手臂大幅度朝相反方向摆动

接着继续将双手以上下交互的方式，大幅度朝相反方向摆动。

基准次数

左右各做
5~10次

上下摆手

上下摆动手臂，以伸展肩膀和肩胛骨一带的肌群。

适合人群

基准次数

左右各做
5~10次

动作 1

将双手从两旁由下向上提起

轻轻地将双手从两旁由下向上提起，应尽量以画大圆圈的方式，大幅度朝上。

动作 2

双手朝相反方向用力摆动

接着双手朝相反方向用力向下摆。

动作 3

双手交叉

将手臂往下摆，并在身体前面交叉而过，伸展肩膀肌肉。

上半身活力拉筋操③

旋转手臂

大幅度旋转手臂，以伸展肩膀和肩胛骨一带的肌群。旋转手臂时，不可只从肩膀处开始转动，而是要从手臂根处的肩胛骨（参照第35页）开始转动。

适合人群

从下绕后向前摆

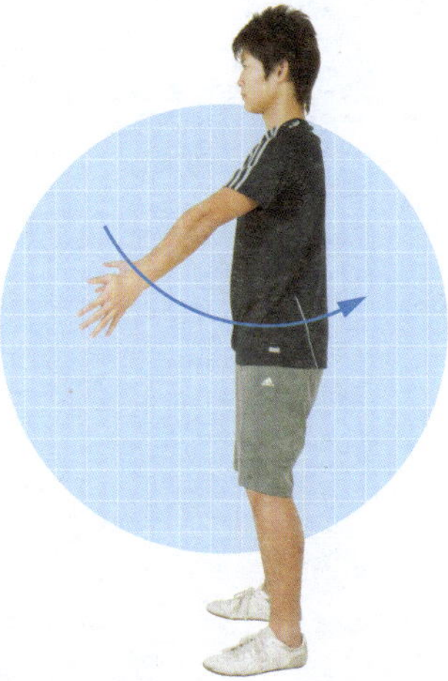

动作 1

将手臂从前向后摆动

轻轻地将手臂从前向后，大幅度地摆动。

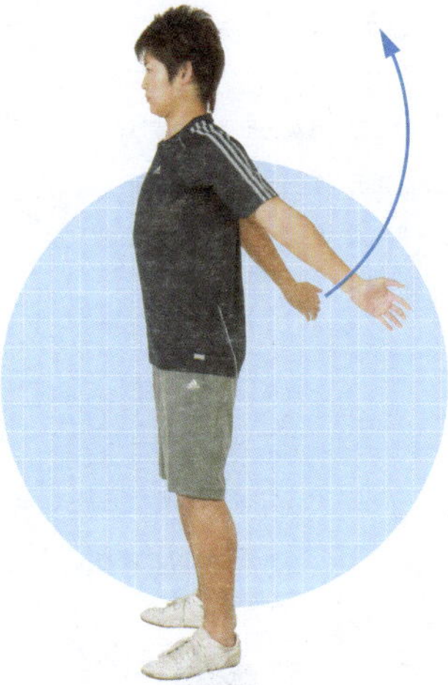

动作 2

大幅度从后向上提起

然后直接将手臂大幅度从后向上提起，此时不能只转动肩膀，应从手臂根处的肩胛骨开始，大幅度从后向上提起，这也是此拉筋操的重点。

动作 3

将手臂摆到前方后重复前面的动作

接着将手臂大幅度向前方摆动，此时同样要从肩胛骨开始转动，才能有效伸展肌肉。最后当手臂回到原来位置时，再继续从下向后做同样的动作。

从前绕上向后转

动作 1～3

采取和从下绕后向前摆相反的动作，做同样的拉筋操。

基准次数

不论前摆或后摆，左右都必须各做5～10次

旋转手臂

固定手肘的位置，然后从肩关节处开始旋转手臂，以伸展肩关节的内旋肌群与外旋肌群（第82页和第84页）。

适合人群

基准次数

左右各做
5~10次

向内旋转

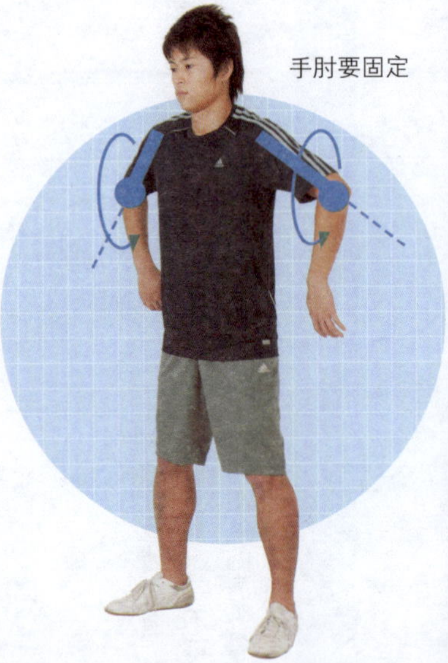

动作 1

将手臂向内旋转

弯曲并提高手肘，直到与肩膀齐高。此时手肘位置必须保持固定，再轻轻地将手臂从肩关节处开始向内侧旋转，手臂要保持朝下的状态。

向外旋转

动作 2

将手臂向外旋转

采取和向内旋转相同的动作，只是将手臂向外侧旋转，同时也向后方旋转。做此拉筋操时，应配合节奏反复进行。

第7章

除『第一步』的拉筋操外还要做的其他运动

做拉筋操是培养运动习惯的“第一步”

本章介绍可以搭配拉筋操进行的有氧运动和简单的肌肉训练，对于“虽然很想运动，却因为平常运动不足，身体硬邦邦而无法顺畅地动起来”的人，只要先做做这些拉筋操来舒缓肌肉，就自然能轻松地逐步运动起来。

有氧运动

能让身体动得舒畅又健康

有氧运动能帮助我们打造动得舒畅又健康的好身体，借助有氧运动可以提高心肺功能，使我们不容易发生心悸或喘不过气来的情况，生活自然过得更舒适。此外，有氧运动还能使血管变得柔软，减少血液中的脂肪，进而维持身体的健康。

不仅如此，有氧运动还具有消耗热量、降减体内多余脂肪的效果，所以也是有效预防“代谢综合征”（参照第126页）的好方法。

肌肉训练

让身体变得紧实而不容易发胖

本章还会介绍在家里就能进行的简单肌肉训练。肌肉训练不仅能增强肌肉力量，还能帮助增加身体消耗热量时的“基础代谢量”。简单来说，肌肉训练具有让身体不容易累积脂肪的减肥效果。此外，对于“不想变成肌肉男（女）”的人来说，简单的肌肉训练不但不会让肌肉变大隆起，反而有助于减少多余的脂肪，让身体变得更紧实而修长。

做完第一步的拉筋操后，不妨再来试试有氧运动与肌肉训练，让自己的身体变得紧实，如此才能动得舒畅又健康。

做有氧运动时的重点

① 强度与速度：疲劳程度以让人觉得舒服为主

进行健步走和慢跑等有氧运动时，应以能让人觉得舒服为度，采取适当的强度与速度，有氧运动通常时间都比较长，所以没有必要让自己做得气喘吁吁。

② 运动时间：20~40分钟

做有氧运动的时间，以20~40分钟为佳，如果运动不到20分钟，虽然不至于“零效果”，但毕竟效果有限，要想得到较好的效果，还是需要每次持续运动达到一定的时间。

做肌肉训练时的重点

❶ 次数：1组10~20次

刚开始先以10次为1组计算，当身体觉得即使运动，也能越来越轻松时，再慢慢增加次数。

❷ 组数：各项目皆1~2组

刚开始各项目只需做1~2组，等身体逐渐适应后，再慢慢增加为3组。

❸ 同一项目1周只需做2~3次

做完肌肉训练后会觉得疲劳，一定要让肌肉切实得到休息，所以与其勉强自己每天做，还不如1周只进行2~3次，即隔日进行同一个项目的训练，这样才能持续又有效。

有氧运动

健步走

走路不但是日常生活里的基本动作，也是帮助肌肉活动的一种运动，对于没有运动习惯的人来说，若只是走路，应该能轻松地办到。乍看之下非常单纯的步行动作，若要作为有氧运动来进行，就必须注意下一页介绍的几个要点。

大幅度摆动手臂，伸直脊背，并拉大步幅。从髋关节开始，大幅度摆动双腿踏步向前。这就是重点。

强度

以觉得舒服为度，行走时的速度要稍微快一点

基准运动时间

20~40分钟

小专栏

改变平常的步行动作并将“平常所走的道路”当成健身房

走路是日常生活的一部分，所以除了刻意找时间健步走当作“运动”外，也可以从尝试改变平常上班或上学时的步行动作来着手。只要将注意力放到步行的动作上，就能让家到车站之间这一段“平常所走的道路”，变成健身房。

要点①

缩下巴并挺直脊背

挺直脊背，以良好的姿势跨步前进，如果下巴突出，脊背容易跟着弯曲，所以记得要缩下巴行走。

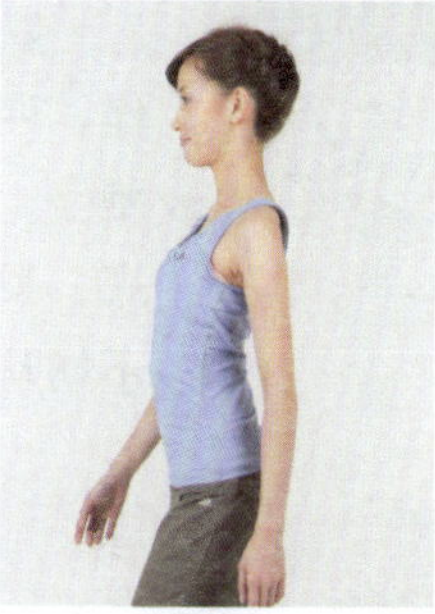

要点②

大幅度摆动手臂并拉大步幅

大幅度摆动手臂并拉大步幅，才能增加肌肉的活动量，不但有助于提高有氧运动的效果，还能燃烧更多的脂肪。

错误动作

手臂的摆动与步幅太小

手臂的摆动与步幅若不够大，肌肉的活动量就很有限，自然不容易帮助燃烧多余的脂肪。

有氧运动

慢跑

以较小步幅放松跑步的动作，叫作“慢跑”，“虽然很想跑步，可是又担心会喘不过气来，反而让自己更累”的人，不妨从慢跑开始。

强度

以觉得舒服为度，速度以步行时的1.5~2倍为佳

基准运动时间

20~40分钟

记得挺直脊背并放松跑步，手臂的摆动幅度和步幅都不必太大。

要点

缩下巴并挺直背脊

记得挺直脊背，千万别驼背，如果下巴突出，脊背就容易跟着弯曲，所以记得要缩下巴跑步。

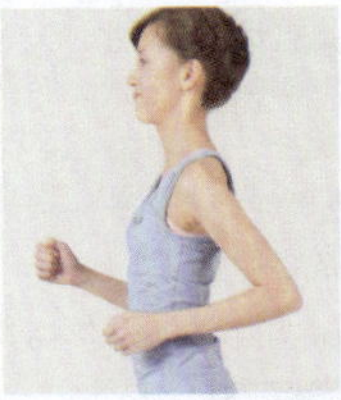

错误动作

变成内八字

不要将双脚往外踢，以内八字的方式跑步容易伤害膝盖内侧的韧带和软骨，一定要放松并往前抬腿。

有氧运动

快步跑

一旦习惯慢跑后，就可以开始转为速度稍快一点的“快步跑”。这种有氧运动的活动量比健走步和慢跑大许多，效果会更好，能帮助消耗的脂肪量也比较多。

强度

以觉得舒服的疲劳程度为主，速度则以有点喘不过气来为佳

基准运动时间

20~40分钟

以似乎会有点喘不过气来，但仍能让人觉得舒服的速度跑步。

要点

大幅度摆动手臂

只要大幅度摆动手臂，躯干自然会跟着大幅度扭转，增加肌肉的活动量，连带增加脂肪的消耗量，发挥更大的减肥效果。

错误动作

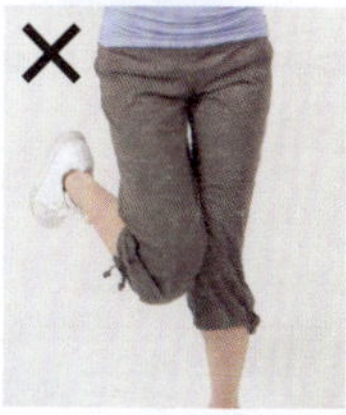

变成内八字

与慢跑一样，不能将双脚向外侧踢，以内八字的方式跑步容易伤害膝盖内侧的韧带和软骨。

肌肉训练

蹲踞

这是肌肉训练中最基本的项目，动作是蹲下再站起来。伸直膝盖时能锻炼大腿前侧，蹲下时能从髋关节处锻炼双侧小腿、双侧大腿内侧、向后推的臀部和腰部等的肌肉。

次数
10~20次
组数
1~2组
频率
每周2~3次并隔日进行

动作 ❶

采取站姿，双手叉腰

打开双脚站立，与肩膀同宽，脚尖稍微向外侧张开，同时面向正前方，双手叉腰。

动作 ❷

慢慢蹲下

从❶的姿势开始慢慢向下蹲，直到大腿和地面约呈平行为止。此时上半身仍须尽量维持伸直，同时注意别让膝盖太靠前（请参照下一页的“要点”和“错误动作”）。

可锻炼的肌肉

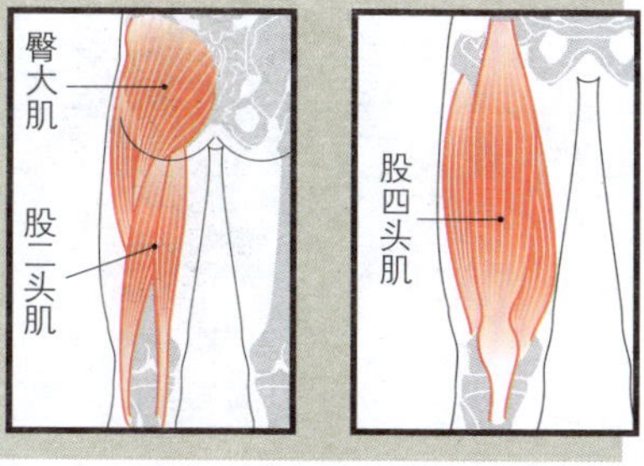

锻炼这些肌肉的好处

拥有强健的腰部和腿部肌肉，才能在日常生活中舒适地做出走路等动作。此外，也有助于顺畅进行跑步、跳跃、投球、拳击等各种运动。

动作 ❸

慢慢站起身来

从❷的姿势开始慢慢站起身来，这个过程中仍应随时保持脊背挺直。

要点❶

上半身稍微往前倾

保持脊背挺直的姿势，稍微将上半身向前倾，再慢慢蹲下。

要点❷

膝盖稍微比脚尖凸出一点

蹲下后的膝盖位置，需在脚尖的正上方稍微向前凸出一点的位置。

要点❸

挺直脊背

不能因上半身向前倾，脊背就跟着弯曲，在整个过程中都应随时保持脊背挺直。

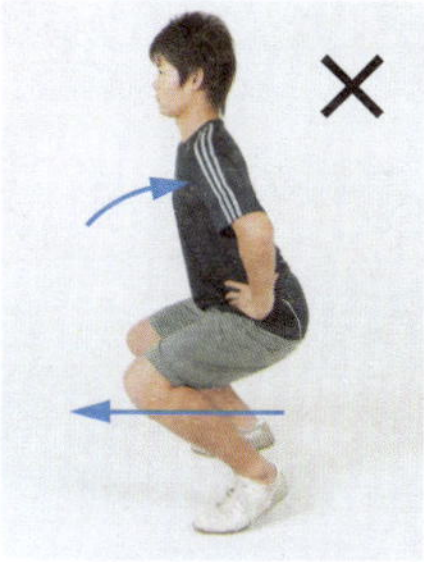

错误动作❶

上半身没有前倾且膝盖太凸出

上半身过于垂直，且膝盖位置太凸出时，容易伤害膝盖。

错误动作❷

驼背

驼背的姿势很容易伤害腰部。

肌肉训练

弓箭步

提起单脚向前踏，让身体整个向下沉。这种训练与蹲踞相同，能锻炼腰部与腿部的肌肉，不过因为重心在臀部，所以更能锻炼臀部肌肉。

动作 1

采取站姿，双手叉腰

采取站姿并双手叉腰，做好随时向前踏步的准备。

动作 2

向前踏出一步并慢慢蹲下

单脚向前踏出一步，同时让身体重心慢慢向下移。向前踏步时应挺胸，踏出的步幅稍微大一点。

次数
10~20次
组数
1~2组
频率
每周2~3次并隔日进行

动作 3

前脚缩回，恢复原来姿势

借助向前踏出的脚的力量，缩回前脚，恢复成原来的姿势，左右两脚交替做此动作。

锻炼此处肌肉的好处

因为身体重心在臀部，具有很好的提臀效果，所以能锻炼出翘臀来。

变化动作　跨步蹲

这是采取弓箭步的姿势，向前行进的训练方式，此时身体的重心在臀部及前脚上，不妨到公园等处进行，每次连续跨20步左右。

动作 1

动作 2

动作 3

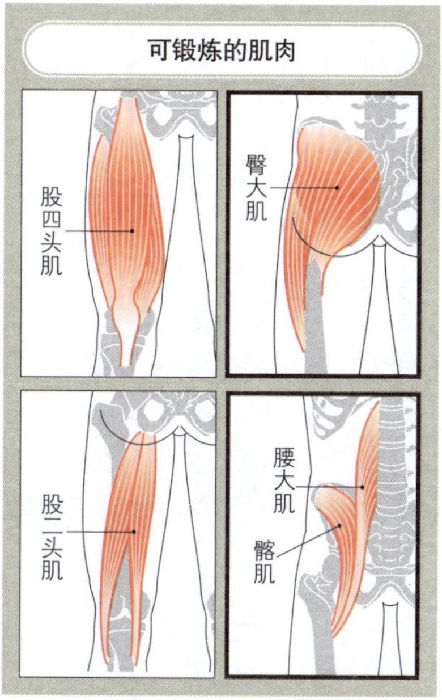

错误动作 1　步幅太小

步幅如果太小，只能锻炼到大腿前侧的肌肉，无法切实锻炼到臀部肌肉（如臀大肌等）。

错误动作 2　驼背

驼背容易伤害腰部，因此要防止。何况驼背做这个动作，无法确实地锻炼臀部肌肉，一定要挺胸并伸直脊背，再将臀部深深向下沉。

肌肉训练

背肌伸展

坐在椅子上，上半身深深前倾，然后恢复成原来的姿势，这样能锻炼背部的肌肉。比起大幅度后仰身体，属于“背肌运动”的俯卧撑，这种训练方式对腰部的伤害风险相对更低。

次数
10~20次
组数
1~2组
频率
每周2~3次 并隔日进行

可锻炼的肌肉

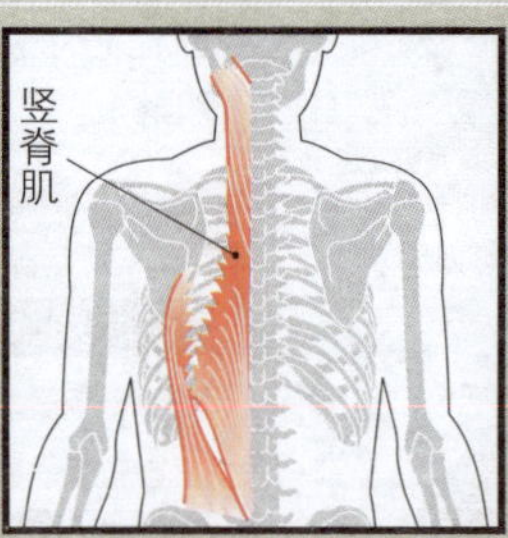

训练此处肌肉的好处

拥有强健的竖脊肌，能有效改善不良的姿势，也能预防腰痛。此外，竖脊肌主要控制身体“核心”部位脊椎的活动，对所有运动项目来说都是相当重要的肌肉。

动作 ❶

张开双腿坐在椅子上

张开双腿坐在椅子上，双手则交叉在胸前。

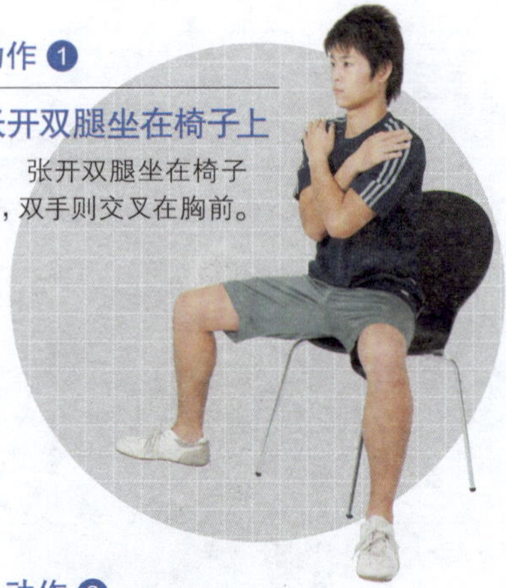

动作 ❷

上半身向前倾

从❶的姿势开始，将上半身向前倾，仿佛在深深鞠躬一样。

动作 ❸

上半身慢慢恢复原来的姿势

双手保持交叉，慢慢将上半身恢复成原来的姿势（见本页动作❶图）。

要点

张开双脚将整个上半身向前倾

只有将双腿尽量张开，上半身向前倾，才不会碰到膝盖，也才能收到最大的锻炼效果。

肌肉训练

抬腿前倾

仰躺在地，将上半身和双腿向上抬。提起上半身躯干时，可以锻炼腹部的肌肉，将双腿从髋关节处向上抬时，则可锻炼一些深处的肌肉。

次数
10~20次
组数
1~2组
频率
一周2~3次 并隔日进行

可锻炼的肌肉

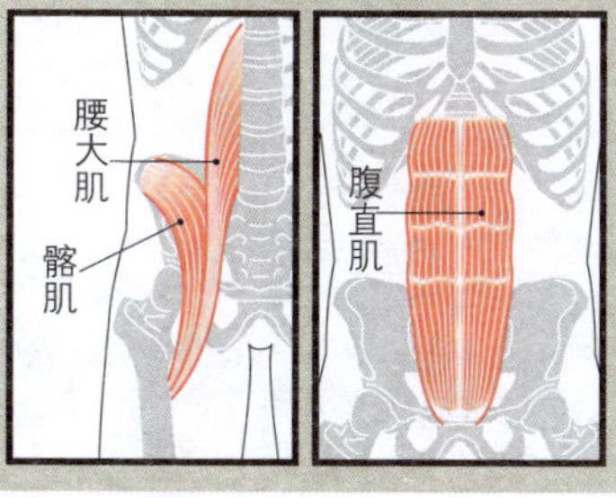

锻炼这些肌肉的好处

腹直肌和竖脊肌一样，都具有控制脊椎活动的功能，是参与所有运动项目的重要肌肉。此外，只要拥有强健的腰大肌，就能以较强的力量来进行走路或踢球等动作。

动作 1

仰躺在地板上

仰躺在地板上，双手交叉在胸前，然后轻轻地提起上半身，同时轻轻弯曲膝盖，并向上抬。

动作 2

提起上半身并抬起脚来

提起上半身，同时抬起双腿，接着再慢慢恢复成原来的姿势。

错误动作 伸直背部

如果伸直背部，就无法锻炼具有弯曲躯干作用的腹直肌，所以一定要弯曲背部。

变化动作 双手放在膝盖上

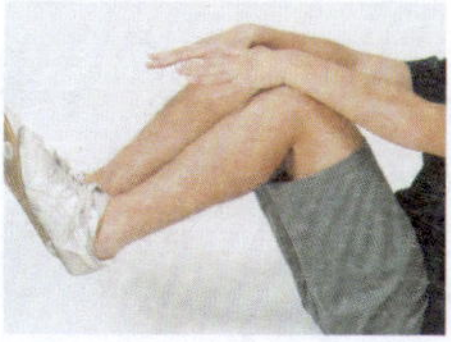

如果双手交叉在胸前，不易完成此训练项目，可将双手改为放在膝盖上。

肌肉训练

俯卧撑

一般人熟悉的俯卧撑能同时锻炼胸部和肩膀、手臂等各部位肌肉。

次数
10~20次
组数
1~2组
频率
每周2~3次 并隔日进行

可锻炼的肌肉

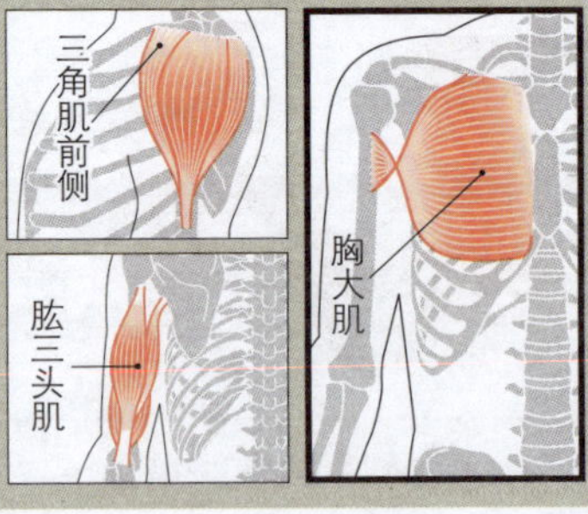

锻炼这些肌肉的好处

胸部和肩膀等上半身的肌肉，除了在投球、拳击时被用到之外，在跑步时摆动手臂等动作中也会用到。

动作 ❶

大幅度张开手臂并撑在地上

采取人体正面（腹侧）朝下的姿势，大幅度张开手臂撑在地上，此时双手之间的距离约为肩膀宽度的1.5倍。

动作 ❷

身体下压至下巴几乎触地

从❶的状态开始，让身体依凭重力向地面靠，直到下巴几乎碰触到地板为止。

※如果无法做到这种程度，不妨将膝盖跪在地上进行，以减小此项目的运动强度。

动作 ❸

慢慢抬起身来

从❷的状态开始，慢慢抬起身体来，注意臀部的位置不可以过低，以免造成腰部以下抬不起来的情形。

错误动作 双手之间的距离太小

双手之间的距离如果太小，就无法切实锻炼胸部肌肉。

肌肉训练

双手互握拉扯

拉动手臂的动作可以锻炼肩背和上臂的肌肉群。由于这里的肌肉很难靠身体的重量来拉伸训练，若不借助器材等，就只有让双手互握拉扯，才能给此处带来运动效果。

次数
10~20次
组数
1~2组
频率
一周2~3次 并隔日进行

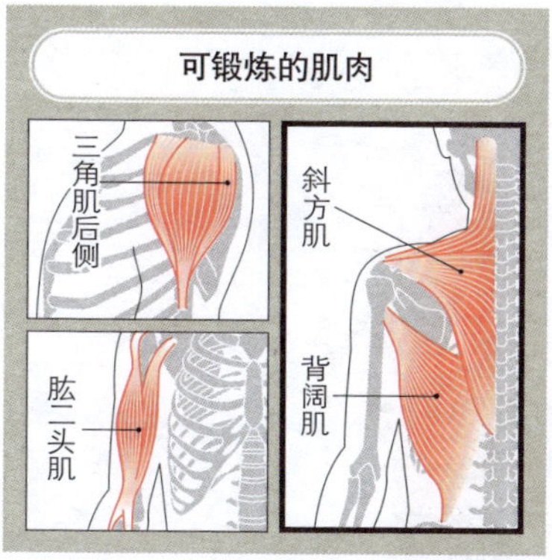

锻炼这些肌肉的好处

锻炼背部的肌肉，能有效防止驼背等不良姿势的恶化，有效缓解肩膀的僵硬酸痛。此外，还能加强划船和柔道等运动中的拉扯力量。

动作 1

双手互握于胸前

将双手的手指互握在胸前。

动作 2

一手抗拒另一手拉扯

用一手拉扯另一手的过程中，要有意识地让被拉扯的手产生阻力。如果被拉扯的手不对抗，很容易被拉走，因此操作时必须得有阻力才能有效。

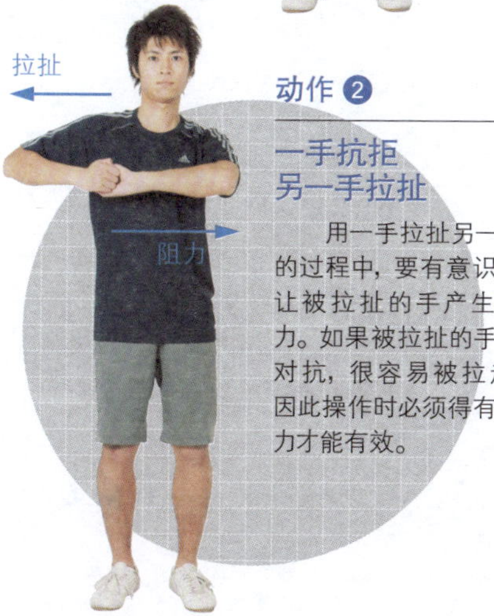

要点　挺胸让两边肩胛骨靠近

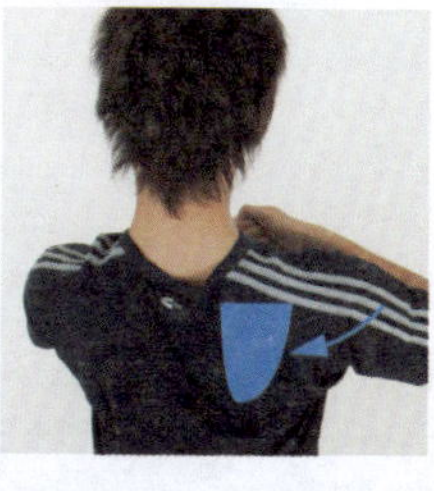

双手在拉扯的同时，挺胸让两侧的肩胛骨向内侧靠拢，才能更有效地活动背阔肌和斜方肌，以达到训练效果。

专栏 6

预防代谢综合征与一万步！推荐使用计步器

代谢综合征是指男性的腰围在85厘米以上、女性的腰围在90厘米以上，同时患有糖尿病、高血压、高脂血症等三种疾病中的任意两种。

代谢综合征本身并不是疾病，但却意味着糖尿病等“生活习惯病”的发病风险很高，如果能设法改善自己的生活习惯，当然就能降低患病的风险。

日本厚生劳动省对“生活习惯病”所制定的主要预防事项中，将“为维持健康所需的运动基准”量化，以具体数字提示，大力倡导民众“每天都要维持约‘走一万步’及每星期需运动30分钟至1小时的‘身体活动量’”，这和前人一直在提倡的“一天一万步”正好不谋而合。

要正确计算步数，不妨随身携带计步器，如此才能保持敦促自己积极运动的心态，增加行走步数。有研究报告显示，即使没有接受任何人指示，随身携带计步器的人也会在无形中增加约一千步的步数，尤其是现在计步器已经很普及，价格也变得比较低廉，不妨买一个来试试看。

※腰围的测量位置约在齐肚脐水平

第8章

各种不同效能的拉筋操

适合初学者的拉筋操

所需时间

5~7分钟

在此选取前文所介绍的10种基本拉筋操中最主要的6种，没有运动习惯的人或因为生活忙碌没时间运动的人，都可以从这6种基本拉筋操开始尝试。

【①准备操】

共计约2分钟

先做准备操来舒缓身体肌肉，做的时候以广播体操的要领为主，各项目皆单边做4次，总计8次。

※各项目做完8次，视为1个回合，每一项目需做2个回合。

1 前后弯 ……………………（第36页）
2 躯干侧弯 ……………………（第37页）
3 旋转躯干 ……………………（第38页）
4 转动上半身 ……………………（第39页）
5 压腿 ……………………（第40页）
6 旋转手臂 ……………………（第41页）

【②拉筋操】

共计3～5分钟

※各项目都应仔细做15秒以上。

❶大腿后侧、腰背部	（股二头肌、竖脊肌：第48页）
❷髋关节前侧	（腰大肌：第50页）
❸腹部	（腹直肌：第54页）
❹胸背区、腹外侧区	（背阔肌、腹内斜肌与腹外斜肌：第58页）
❺肩胛骨一带	（大圆肌等：第62页）
❻颈部到肩膀	（斜方肌：第64页）

※习惯后，就开始做全部10种基本拉筋操（所需时间将近10分钟）。

解除运动不足的健步走拉筋操

（拉筋操+健步走）

所需时间

约40分钟

一旦习惯了做拉筋操，锻炼出可随时完成伸展动作的柔软身体后，就可以开始追加轻度的有氧运动——健步走了。

【①准备操】

共计约2分钟

【②健步走】

20～30分钟

健步走20～30分钟。健步走时应挺胸并伸直脊背，同时要大幅度摆动手臂，步幅也要拉大。

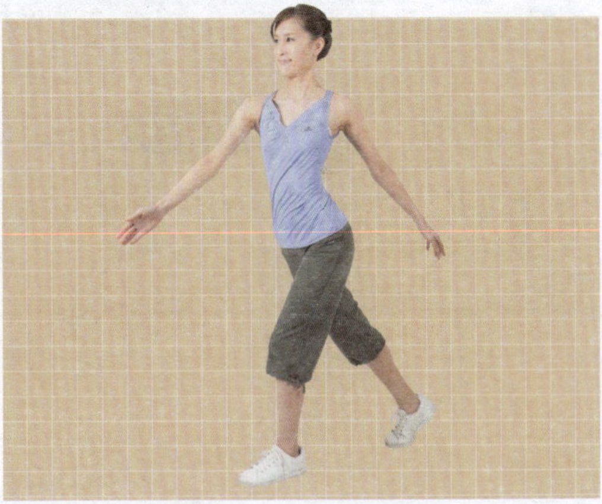

【③拉筋操】

共计5～7分钟

※各项目都应仔细做15秒以上。

❶臀部 ……………………………………………………（臀大肌：第46页）

❷大腿后侧、腰背部 ……………………（股二头肌、竖脊肌：第48页）

❸髋关节前侧 ……………………………………（腰大肌：第50页）

❹小腿后上侧 ……………………………………（腓肠肌：第52页）

❺腹部 ……………………………………………………（腹直肌：第54页）

❻腹外侧区 …………………………（腹内斜肌与腹外斜肌：第56页）

❼胸背区、腹外侧区 ………（背阔肌、腹内斜肌与腹外斜肌：第58页）

❽胸部 ……………………………………………………（胸大肌：第60页）

❾肩胛骨一带 ……………………………………（大圆肌等：第62页）

❿颈部到肩膀 ……………………………………（斜方肌：第64页）

增进健康与达到减肥效果的拉筋操

（拉筋操+肌肉训练+跑步）

所需时间

约50分钟

有运动习惯的人，或是已经习惯跑步的人，不妨再追加肌肉训练和(或)跑步等项目，这些项目都具有很高的运动效果，不仅能增进健康，还能达到减肥的目的。

【①准备操】

共计约2分钟

先做准备操来舒缓身体肌肉，
做的时候以广播体操的要领为主，
各项目皆单边做4次，总计8次。

※各项目做完8次视为1个回合，每一项目需做2个回合。

❶前后弯 ……………………（第36页）
❷躯干侧弯 ……………………（第37页）
❸旋转躯干 ……………………（第38页）
❹转动上半身 ……………………（第39页）
❺压腿 ……………………（第40页）
❻旋转手臂 ……………………（第41页）

【②肌肉训练】

共计约10分钟

※各项目做10次视为1个回合，每一项目需做1个回合。

❶蹲踞 ……………………（第118页）
❷弓箭步 ……………………（第120页）
❸背肌伸展 ……………………（第122页）
❹抬腿前倾 ……………………（第123页）
❺俯卧撑 ……………………（第124页）
❻双手互握拉扯 ……………………（第125页）

【③跑步】

20～30分钟

速度以让人觉得舒服为度，
进行20～30分钟的跑步锻炼。
跑步时必须挺胸，同时大幅度摆动手臂。

【④拉筋操】

共计5～7分钟

※各项目都应认真做15秒以上。

1. 臀部 ………………………………（臀大肌：第46页）
2. 大腿后侧、腰背部 ………………（股二头肌、竖脊肌：第48页）
3. 髋关节前侧 ………………………（腰大肌：第50页）
4. 小腿后上侧 ………………………（腓肠肌：第52页）
5. 腹部 ………………………………（腹直肌：第54页）
6. 腹外侧区 …………………………（腹内斜肌与腹外斜肌：第56页）
7. 胸背区、腹外侧区 ……（背阔肌、腹内斜肌与腹外斜肌：第58页）
8. 胸部 ………………………………（胸大肌：第60页）
9. 肩胛骨一带 ………………………（大圆肌等：第62页）
10. 颈部到肩膀 ………………………（斜方肌：第64页）

缓解肩膀酸痛的拉筋操

所需时间
约3分钟

这是能缓解肩膀酸痛的拉筋操，主要伸展颈部到肩膀处的肌肉，因为此处的肌肉僵硬，正是造成肩膀僵硬与酸痛的主因。

①尽可能地转动肩胛骨 ……………（肩胛骨：第35页）

双侧向前、向后各做5次环转动作，每做1圈为1次

首先尽可能地前后与上下转动肩胛骨，舒缓此处的肌肉。

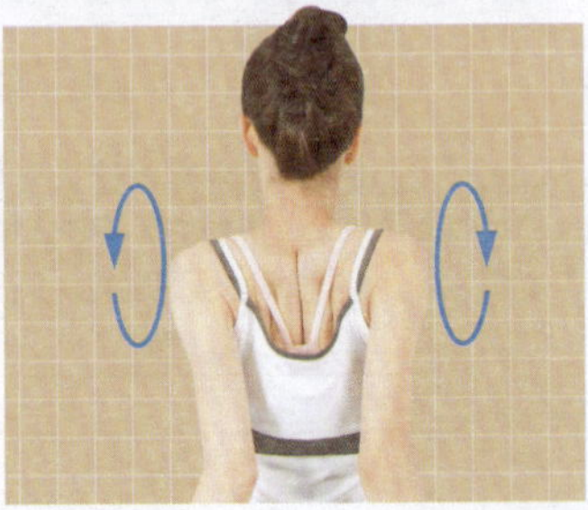

②颈部到肩膀的拉筋操 ……………（斜方肌：第64页）

左右各做2次，每次15秒（共计60秒）

伸展因疲劳而造成肩膀僵硬与酸痛的斜方肌。

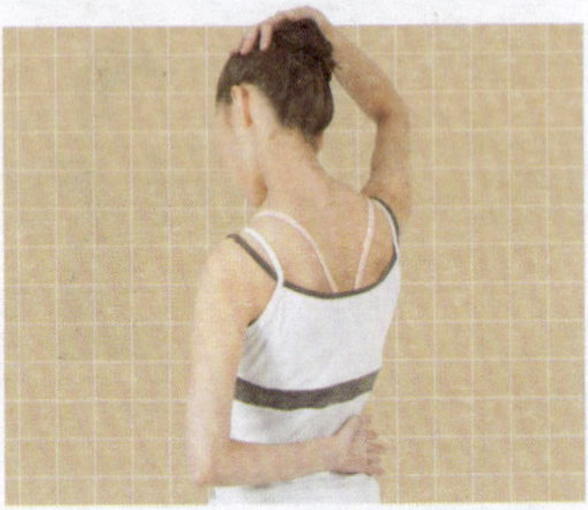

③颈部拉筋操 ………………………（颈部肌群：第92页）

15秒

伸展颈部后面的肌肉，此处与斜方肌一样，其疲劳直接造成肩膀僵硬与酸痛。

缓解腰痛的拉筋操

所需时间

约3分钟

腰痛的人非常适合做拉筋操，切实伸展腰部一带，不但能放松此处的肌肉，也能防止不良姿势恶化，避免引发腰痛。

❶大腿后侧＋腰背部拉筋操 ……………………………………………………（股二头肌、竖脊肌：第48页）

15秒

能伸展竖脊肌，同时还能让骨盆上大腿后外侧的股二头肌变柔软，导正骨盆的位置，进而改善不良的姿势。

❷腹部拉筋操 ……………………………（腹直肌：第54页）

15秒

位于躯干前面的腹直肌如果僵硬，就容易导致驼背，给腰部带来负担，所以一定要让此处的肌肉变得柔软。

❸臀部拉筋操 ……………………………（臀大肌：第46页）

❹髋关节前侧的拉筋操 ……………（腰大肌：第50页）

左右各15秒

如果让附着在骨盆和脊椎上的臀大肌与腰大肌变得柔软，就能导正骨盆的位置，矫正不良的姿势，同时预防腰痛的发生。

缓解办公疲劳的拉筋操

所需时间
约3分钟

这是可以在办公室做的拉筋操，只要利用椅子或桌子，就能伸展肩膀与腰部、手臂的肌肉，不妨多加参考利用，好好缓解伏案工作所带来的身体僵硬。

①尽可能地前后弯……（第36页）

前后各做5次

好好放松因为长时间伏案工作而变得僵硬的躯干。

②腹外侧区拉筋操………（腹内、外斜肌：第56页）

左右各10秒

借助椅子来放松腹外侧区的肌肉。

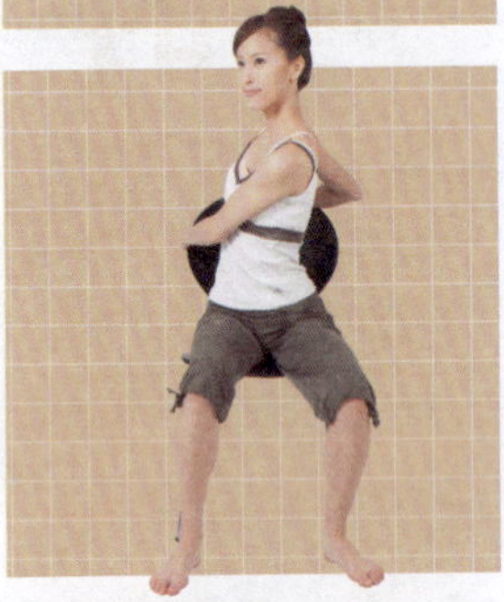

③颈部到肩膀的拉筋操………（斜方肌：第64页）

左右各10秒

好好伸展斜方肌。

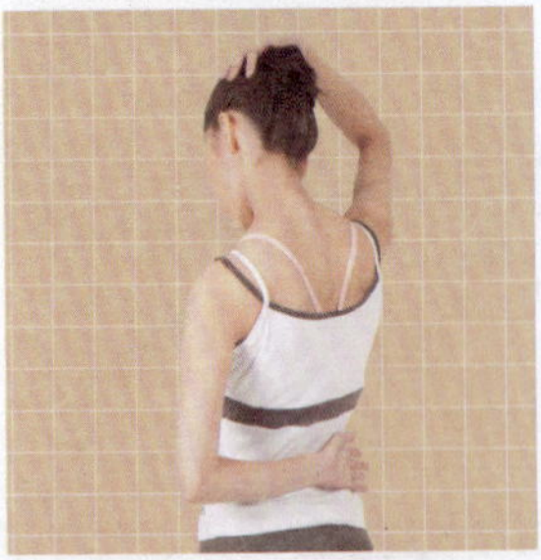

④前臂拉筋操………（前臂肌群：第90页）

10秒

好好伸展容易累积疲劳的前臂肌肉。

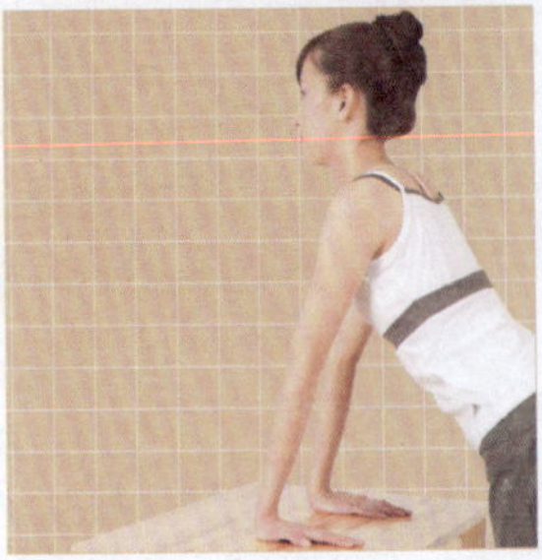

缓解下肢疲劳的拉筋操

所需时间

约3分钟

长时间行走或从事必须长时间站立的工作，很容易让小腿和双足累积疲劳，造成此处肌肉的僵硬，一定要有效地伸展。

❶小腿后下侧拉筋操 ……………（比目鱼肌：第76页）

左右各15秒

切实伸展随时负责支撑体重的比目鱼肌。

❷小腿前侧拉筋操 ……………（胫骨前肌等：第78页）

左右各15秒

长时间步行后，负责抬脚的小腿前侧肌肉很容易累积疲劳，一定要有效地伸展。

❸足底拉筋操 ……………………（足底肌群：第79页）

左右各10秒

足底的肌群很容易在不知不觉中累积疲劳，一定要有效地伸展。

冲刺型运动健将专用的拉筋操

这是非常适合有冲刺动作的运动健将做的拉筋操。内容以10种基本拉筋操为主，并将伸展重点放在髋关节一带。不妨多做这种拉筋操，尽量让容易拉伤的股二头肌变得柔软。

【10种基本拉筋操】

※各项目皆需做15秒，有下划线的重点项目则需做30秒。

【追加项目】

※各项目皆需做15秒。

长跑型运动健将专用的拉筋操

这是非常适合田径长跑运动员和喜欢长时间跑步的人的拉筋操。因为长时间跑步容易让小腿和足底等处累积疲劳，所以需要重点伸展此处的肌肉。

【10种基本拉筋操】

※各项目皆需做15秒，有下划线的重点项目则需做30秒。

1. 臀部 ……（臀大肌：第46页）
2. 大腿后侧、腰背部 …（股二头肌、竖脊肌：第48页）
3. 髋关节前侧 ……（腰大肌：第50页）
4. <u>小腿后上侧</u> ……（腓肠肌：第52页）
5. 腹部 ……（腹直肌：第54页）
6. 腹外侧区 ……（腹内斜肌、腹外斜肌：第56页）
7. 胸背区、腹外侧区 …（背阔肌、腹外斜肌：第58页）
8. 胸部 ……（胸大肌：第60页）
9. 肩胛骨一带 ……（大圆肌等：第62页）
10. 颈部到肩膀 ……（斜方肌：第64页）

【追加项目】

※各项目皆需做30秒。

1. 小腿后下侧 ……（比目鱼肌：第76页）
2. 小腿前侧 ……（胫骨前肌：第78页）
3. 足底 ……（足底肌群：第79页）

投掷型运动健将专用的拉筋操

这是非常适合棒球等运动项目中有投掷动作的运动员做的拉筋操。排球、网球和羽毛球等项目的运动员及其他需要大幅度挥动手臂的人都很适合。它主要伸展肩膀、腹外侧区和前臂，让这些部位的肌肉变得柔软，在挥臂时能更顺畅。

【10种基本拉筋操】

※各项目皆需做15秒，有下划线的重点项目则需做30秒。

1. 臀部 ……………………………（臀大肌：第46页）
2. 大腿后侧、腰背部 …（股二头肌、竖脊肌：第48页）
3. 髋关节前侧 …………………（腰大肌：第50页）
4. 小腿后上侧 …………………（腓肠肌：第52页）
5. 腹部 ……………………………（腹直肌：第54页）
6. 腹外侧区………（腹内斜肌、腹外斜肌：第56页）
7. 胸背区、腹外侧区……（背阔肌、腹外斜肌：第58页）
8. 胸部……………………………（胸大肌：第60页）
9. 肩胛骨一带 ………………（大圆肌等：第62页）
10. 颈部到肩膀 …………………（斜方肌：第64页）

【追加项目】

※各项目皆需做15秒。

1. 肩膀 ……………………………（三角肌：第80页）
2. 肩膀深处（后面）…………（冈下肌等：第82页）
3. 肩膀深处（前面）…………（肩胛下肌：第84页）
4. 上臂后侧 ……………………（肱三头肌：第88页）
5. 前臂 …………………………（前臂肌群：第90页）

游泳型运动健将专用的拉筋操

这是非常适合游泳运动员和喜爱游泳的朋友来做的拉筋操，若想让四肢的动作更协调，就应该做这种拉筋操，让肩膀一带以及髋关节一带变得柔软。

【10种基本拉筋操】

※各项目皆需做15秒，有下划线的重点项目则需做30秒。

1. 臀部 ……（臀大肌：第46页）
2. 大腿后侧、腰背部 …（股二头肌、竖脊肌：第48页）
3. 髋关节前侧 ……（腰大肌：第50页）
4. 小腿后上侧 ……（腓肠肌：第52页）
5. 腹部 ……（腹直肌：第54页）
6. 腹外侧区 ……（腹内斜肌、腹外斜肌：第56页）
7. 胸背区、腹外侧区 ……（背阔肌、腹外斜肌：第58页）
8. 胸部 ……（胸大肌：第60页）
9. 肩胛骨一带 ……（大圆肌等：第62页）
10. 颈部到肩膀 ……（斜方肌：第64页）

【追加项目】

※各项目皆需做15秒，有下划线的项目主要针对蛙泳。

1. 臀部深处 ……（梨状肌等：第70页）
2. 大腿内侧 ……（收肌：第72页）
3. 肩膀 ……（三角肌：第80页）
4. 肩膀深处（后面）……（冈下肌等：第82页）
5. 肩膀深处（前面）……（肩胛下肌：第84页）

【运动项目适用拉筋操一览表】

	利用拉筋操所伸展的身体部位	对应页数	短跑	长跑	游泳	棒球	足球	排球	篮球	网球	高尔夫	摔跤类（拳击）	摔跤类（抓、握）
10种基本项目（第4章）	臀部	46	◎	△	△	○	○	○	○	○	○	○	○
	大腿后侧 + 腰背部	48	◎	△	○	◎	◎	○	◎	◎	○	◎	◎
	髋关节前侧	50	◎	△	○	○	◎	○	○	○	△	◎	○
	小腿后上侧	52	◎	◎	○	○	◎	◎	◎	○	△	○	○
	腹部	54	○	○	○	○	○	○	○	○	○	○	○
	腹外侧区	56	○	○	◎	◎	○	○	○	○	○	○	○
	腹外侧区 + 胸背区	58	△	△	◎	◎	△	◎	△	○	△	◎	◎
	胸部	60	△	△	◎	◎	△	◎	△	○	△	○	○
	肩胛骨一带	62	△	△	◎	◎	△	◎	△	○	△	△	◎
	颈部到肩膀	64	△	△	△	△	△	△	△	△	△	△	◎
追加的13个项目（第5章）	臀部深处	70	△	△	◎	△	○	△	△	△	△	○	○
	大腿内侧	72	◎	△	◎	○	○	○	○	○	○	◎	○
	大腿前侧	74	○	△	△	○	○	○	○	○	○	○	○
	小腿后下侧	76	○	◎	△	△	○	○	○	△	△	○	○
	小腿前侧	78	○	◎	○	△	○	△	○	△	△	△	△
	足底	79	△	◎	△	△	△	△	△	△	△	△	△
	肩膀	80	○	△	◎	◎	△	◎	△	○	△	○	○
	肩膀深处（后面）	82			◎	◎		◎	△	◎		△	○
	肩膀深处（前面）	84			◎	◎		◎	△	◎		△	○
	上臂前侧	86	△		○	△	△	○	△	○	△	○	◎
	上臂后侧	88	△		○	○	△	○	△	○	△	△	○
	前臂	90			◎	◎		○	△	◎	◎	△	◎
	颈部	92					△		△			○	◎

◎：应仔细做的拉筋操　○：建议做的拉筋操　△：有时间就应做的拉筋操